Škola pro dospělé
Pohled z budoucnosti

Metodika integrální výchovy

Michael Laitman a Anatolij Uljanov ve studiu

Škola pro dospělé
Pohled z budoucnosti

Metodika integrální výchovy

(Besedy M. Laitmana s A. Uljanovem)

Michael Laitman – Anatolij Uljanov

Škola pro dospělé. Pohled z budoucnosti. Metodika integrální výchovy / Michael Laitman – Anatolij Uljanov.

1. vyd. – Praha: Aschlag Research Institute-Bildungseinrichtung e.V., 2020. – s. 138.

ISBN 978-1-77228-032-6

Authors © Michael Laitman – Anatolij Uljanov

Translation: Jindra Ratajová, Jurij Komisarov, 2020

Proofreading: Olga Ljachová, Jelena Hatlapatková

Consultant: Yehudith Wiseman Savalle

Cover Design: Richard Monje

Original Cover Photo: Vivek Doshi on Unsplash

Svět se ocitl před těžkým rozhodnutím: buď absolutní zkáza, nebo všenárodní rozsáhlá budovatelská práce na nové úrovni. Budovatelská práce znamená, že přes všechny naše rozepře a protiklady mezi námi musíme vytvořit komfortní podmínky pro život každého z nás i našich rodin a na základě toho vybudovat stejné podmínky pro život celého lidstva.

Je to naprosto reálné, není proto zapotřebí uskutečňovat žádné revoluce ani vést nekonečná jednání „osmiček", „dvacítek" atd. – je to zkrátka běžná výchovná práce...

Obsah

O autorech 9
Kapitola 1 11
Neznámé 11
Cíl přírody 12
Míra svobody 13
Změnit obal 14
Nadbytečné zmizí 15
Plus a mínus 17
Vesmírný komfort 18
Není to SSSR 19
Do školní lavice 20
Kapitola 2 23
Nový ideál – my 23
Učit se, učit se, učit se 24
Každý věk je vhodný 25
Celý svět – divadlo 27
Sám sobě prokurátorem 28
Adaptace pravdy 29
Sféra zájmu 31
Kdo je to „já"? 32
Kapitola 3 35
Unikátní objekt 35
Bludné balvany 36
Pátý element 38
Žádné nucení 40
Muž a žena jsou jedno 41
Přemíra zanikne 42
Kapitola 4 45
Jak začít 45
Přecházíme k osobnostem 46
Jak vytvořit skupinu 47

5

Kolektivní rozum 49
Pro harmonii je vhodný každý věk 50
1 + 1 = 3 51
Kapitola 5 .... **55**
Čím začíná výchova 55
Otázky mravnosti 56
Musí zloděj sedět? 57
Škodlivé zvyky 59
Stát – egoistická struktura 60
Kapitola 6 .... **63**
Agent mění legendu 63
Centrum potěšení 64
Celosvětové hry 66
Má cenu pospíchat 67
Ideální manželé 68
Tvořit nebo… 70
Kapitola 7 .... **73**
Zase já?! 73
Všechno je jed a všechno je lék 74
Pohádkové království 75
Neskutečný svět 77
Tvoje neznamená moje 78
Kapitola 8 .... **81**
Síla inspirace 81
Vzájemná odpovědnost 82
Jak nesejít z cesty 84
Holí ke štěstí 85
Klec nelze lámat 86
Kapitola 9 .... **89**
Integrální rozum 89
Jak rozlišit svobodu od nesvobody 90
Duchovní porod 92
Vymývání mozků 93
Morální klima 94
Kapitola 10 .... **97**
Předvoj lidstva 97

Vybudování skupiny 98
Převýchova lídrů 100
Závěrečný akord 101
Ženská otázka 102
Bez žen nelze na světě žít… 104
Kapitola 11 .... **107**
Nerovnováha ve vztazích – nemoc 107
Duchovní dýchání 108
„Ženské" problémy 110
Úkoly nového světa 111
Správná otázka – polovina odpovědi 112
Tvořivost v integrálním světě 114
Kapitola 12 .... **117**
Jak se ukládat ke spánku 117
Pedagogický kolektiv 118
Jak být v obrazu 119
Jaký by měl být učitel 121
Tlak přírody 122
Po škále času 124
Kapitola 13 .... **127**
Krize je nezbytná 127
Co ztrácíme 128
Stále výše, stále výš a výše 129
Nová úroveň 131
Podle Einsteinovy rovnice 132
Cíl je na dosah 133

Doporučujeme **137**
Kontakt **138**

O autorech

Kniha je sestavena z besed Michaela Laitmana s Anatolijem Uljanovem.
Michael Laitman (1946) – Ph.D. v odboru filosofie, držitel titulu MSc. v biokybernetice, zakladatel a prezident Ari Research Institute (ARI). Je autorem více než 40 knih, které jsou přeloženy do 17 jazyků.

Anatolij Uljanov (1968–2015) – byl certifikovaným gestalt-terapeutem Evropské Asociace Gestalt Terapeutů (EAGT), lektorem psychologie na Vyšší škole estetického vzdělávání „Krása Ruska", trenérem a učitelem na Mezinárodní Akademii Vedoucích, vědeckým konzultantem mnohých televizních programů.

Ari Research Institute (ARI) – nezisková organizace, jejímž cílem je realizace inovačních myšlenek ve vzdělávací politice při řešení systémových problémů současného vzdělávání a výchovy. Vzdělávací systém založený na konceptu studia zákonů integrálního a vzájemně závislého světa je nezbytná podmínka pro vnesení pozitivních změn do života lidstva.

Naše příprava je založena na vědecké adaptaci tisícileté zkušenosti, která obsahuje systémové řešení současných problémů. Pravidelně iniciujeme dialog o globální krizi, posuzujeme ji jako příležitost k dosažení pozitivních změn v globálním vědomí. Do popředí klademe výchovu budoucích generací s cílem jim pomoci úspěšně zvládnout rozsáhlé klimatické, ekonomické a geopolitické změny. Naše myšlenky a materiály jsou dostupné každému bez ohledu na věk, pohlaví, náboženství, politické přesvědčení nebo kulturní tradice a světonázor.

Prioritní orientací aktivit je vývoj a praktické uplatňování zásad globálního a integrálního vzdělávání. Ari Research Institute (ARI) realizuje své programy a bez omezení poskytuje svoji základnu znalostí prostřednictvím stávajících mediálních kanálů celému světu. Snažíme se zvýšit povědomí lidí o potřebě vzájemné odpovědnosti při budování vztahů mezi sebou, o nezbytnosti osobního zapojení do tohoto procesu. Tímto způsobem nabízíme způsoby řešení vážných problémů, které ovlivňují současnou společnost.

K dnešnímu dni se rámci vzdělávacích programů ARI systematicky zabývá tisíce studentů z Ruska a SNS, také ze Severní a Jižní Ameriky, Evropy, Středního Východu, Austrálie, Asie a Afriky.

Kapitola 1.

Neznámé

Občané!
Dnes se rozpadá tisícileté „Dříve".
Dnes se znovu přezkoumávají
základy světa.
Dnes do posledního knoflíku
na šatech znovu přetváříme život.

V. Majakovský

Lidstvo stojí na rozcestí. S neodvratností vln tsunami se naň valí ohromná vlna nezaměstnanosti. Sociální služby více či méně vyspělých států zatím ještě stále registrují lidi, kteří přišli o práci, a vyplácejí podpory v nezaměstnanosti. V době krize se podpora v nezaměstnanosti může stát z ponižující almužny reálnou záchranou.

Co bude dále, není známo. Jedná se o stovky milionů lidí, kteří zůstanou bez práce, protože krize likviduje a prakticky ničí všechnu výrobu, která není nezbytná pro život. Nezaměstnanost a rozdíly mezi společenskými vrstvami budou neustále narůstat, dokud se nezmění společensko-ekonomické kapitalistické státní zřízení na systém vzájemné odpovědnosti s rozumnou spotřebou.

Je těžké říci, jak to bude přijato. Na příkladu protestních hnutí již nyní vidíme, že zásluhou internetu a vzájemného vlivu začínají narůstat a mnohonásobně se zvětšovat. Výsledkem jsou různé výtržnosti a prozatím pouze občanské války.

Tímto způsobem jsou běžní občané i vlády – všichni společně – zainteresováni na tom, abychom nějakým způsobem tento proces vzali pod kontrolu a zabránili jeho živelnému rozvoji, protože dnes může naše zbrojení společně se živelným rozvojem způsobit děsivé následky.

Jediné, co dokáže odvrátit podobný scénář, je globální integrální výchova, o které jsme povinni zavčas uvažovat.

Cíl přírody

*Dva cíle jsou v životě –
vnitřní a vnější:
vnější – rodina, práce, úspěch,
ale vnitřní je nejasný a neznámý –
odpovědnost každého za všechny.*

I. Guberman

Stále více lidí dochází k závěru, že konečným cílem přírody je spojení všech jejích částí, včetně lidstva, do jednoho celku. Pro dosažení tohoto stavu, tj. stavu celkové harmonie, úplné rovnováhy, nám příroda nabízí dvě cesty rozvoje.

První cesta je proces přirozeného rozvoje, evoluce. Uvědomění nezbytnosti dosažení konečného cíle přichází prostřednictvím neustálých a často velmi bolestivých neštěstí, způsobených samotnou přírodou. Tato cesta je cesta utrpení, na které každý člověk a lidstvo jako celek dělají hodně chyb, ale ve výsledku se rozvíjejí.

Druhá cesta je proces, kdy příroda usiluje o rovnováhu, protože rovnováha v každé jednotlivé části (např. v našem organismu) stejně jako v celém systému je záruka zdraví, bezpečnosti a stability. Plán rozvoje, ve kterém je předem založen takový záměr, je skutečně důstojný pro člověka.

Takže příroda směřuje k integrálnosti. Naším úkolem je zajištění podpory mezinárodních organizací metodou přesvědčování, a hlavně předložení tohoto budoucího stavu jako společného cíle celého lidstva prostřednictvím výchovy.

Výchova musí být nenásilná – prosté vysvětlování zákonů přírody, zákonů rozvoje lidské společnosti: v chování, ve vzdělání, v soužití v rodině, ve výchově dětí a manželů.

Dnešní výchova nesměřuje k tomu, aby bylo budoucí pokolení šťastné. Naopak, lidi tlačí do propasti kapitalistické soutěže, kde nejsou pouze vítězové stejně jako v jakémkoliv soutěžení... V důsledku toho odsuzujeme lidi ke stálému stresu, problémům a bezvýslednému hledání štěstí.

Úkol spočívá v tom, aby psychologové, sociologové a pedagogové – kteří této problematice rozumí, nebo jsou schopni si ji uvědomit (není to úkolem každého) – dospěli k víceméně správnému závěru a byli schopni ukázat lidstvu (obyčejným lidem dole i těm, kteří přijímají usnesení nahoře), že právě integrální vzdělání je zárukou zdravé společnosti, člověka, rodiny atd. Bez něho nepřežijeme. Půjdeme vpřed s ohromnými ztrátami. Samozřejmě, že dosáhneme stejného cíle, ale bude to strastiplná cesta.

Míra svobody

*V toku času hyne pouze to,
co je zbaveno
odolného semene života,
tudíž to, co není hodno života.*

V. Belinský

Co představuje nový integrální svět pro každého jednotlivého člověka? Čím se liší naše vzájemné spojení v integrálním světě od vzájemných vztahů, na které jsme zvyklí?

Člověk je v dnešní době více méně svobodný. Míra jeho svobody je porovnatelná např. s fungováním mechanické převodovky automobilu: dvě ozubená kolečka (hlavní a vedlejší) se nacházejí v záběru a ostatní – čtyři nebo pět (záleží na modelu) – se točí samostatně. V nejbližší době se život každého z nás stane analogickým k práci mechanických hodinek: všechna ozubená kolečka se nacházejí ve stálém záběru a je samozřejmé, že se otáčejí v absolutním vzájemném sladění.

Lidstvo postupně vstupuje do tohoto stavu a výsledkem jsou revoluce, převraty, rozvrat rodin, krach peněžního systému, rozklad ekonomického systému atd. Bude to narůstat každým rokem, každým měsícem, pokud se člověk včas nepřipraví na to, aby vnímal kontakt s lidmi jako něco krásného, něco přepychového (což je ve své podstatě absolutně odpudivé pro naši přirozenost). Člověk si bude přát se z tohoto stavu vymanit za jakoukoliv cenu, dokonce i zemřít, jenom aby na sobě neustále necítil tento nátlak.

Kdo je to „moderní člověk"?

Běžný občan je uzavřený ve svém bytě se svým počítačem. S nikým nechce mít nic společného. Po práci, kde je také sám s pracovním počítačem, zaskočí do supermarketu, nakoupí polotovar, ohřeje ho v mikrovlnce, znovu si sedne k počítači a jde spát. Občas má schůzku s milenkou nebo s několika kamarády. Zřídka něco jiného.

Když do jeho života, který si člověk vytvořil v souladu se svými současnými vnitřními potřebami, kdokoliv vtrhne bez jeho souhlasu, člověk „vybouchne".

Je to podobné tomu, jako když člověk vyskočí z okna hořící budovy. Ví, že si ublíží, ale v tuto chvíli je pro něho oheň hrozivější než vteřina ve vzduchu.

Co se bude dít dále, nebere v potaz...

Změnit obal

Lehnout si na dno jako ponorka,
kterou by nemohli zaměřit.

V. Vysocký

Samozřejmě, že nezvaní hosté nebudou páčit dveře vašeho bytu. Takzvaně se vás „dotknou" přes nepříjemné stavy.

Vy jste – jak se říká – moderní člověk. „Zabalil" jste se do jakéhosi kokonu a v něm existujete. Toto je pro vás komfortní stav. Nechcete ho měnit. Nechcete se ženit. Nechcete mít příliš mnoho kontaktů s přáteli, věnujete jim jen určitý přesně stanovený čas, a možná i to je vnímáno jako povinnost. Rodičů máte ve skutečnosti až nad hlavu; jste povinni je navštěvovat, nemluvě již ani o tom jim zatelefonovat atd.

Pokud by to takto mohlo pokračovat, zajisté by nebylo nic lepšího. Přece jsem se narodil, vymanil se z vlivu rodičů, vytvořil jsem si skromnou buňku a v ní existuji...

Ale jde o to, že cílem přírody je přivést nás k rovnováze s ní samotnou čili z nás učinit absolutně integrální, vzájemně propojenou společnost, která by byla jako elementy analogového systému. Všechny součásti takového systému se nacházejí buď ve stavu vzpoury, nebo ve stavu útlumu či klidu, a vzájemně působí jedna na druhou. Je to systém absolutního vzájemného spojení. Tento vzájemný vztah vnímá člověk různě v závislosti na stavu systému.

Ve stavu úplného klidu, když se všechno upokojí, se jakoby nacházím v centru všech spojení jako pavouk uprostřed pavučiny. Jsem ve stavu rovnováhy: tato spojení necítím – jednoduše musím existovat v těchto mezích.

Tento systém je však přirozený: příroda nás stále posunuje k nějakému svému určitému stavu, danému jako cíl jejího rozvoje. Budeme proto cítit neustálé rozhořčení, neustálý nepoměr, nepřítomnost rovnováhy a narušení naší homeostázy.

Bude nám moc zle.

Nadbytečné zmizí

Nejsme otroci, otroky my nejsme.

Slabikář pro dospělé (r. 1919)

Dnes směřujeme k tomu, že se před námi objevuje obrovské množství ničím nezaplněného času a nepřítomnost nejrozmanitějších hranic.

Pro současného člověka je to děsivý stav. Taková svoboda je horší než otroctví. Nikdy jsme nebyli zcela přenecháni sami sobě, vždy nám katastroficky chyběl čas – zvykli jsme si být otroky vlastního zaneprázdnění. Pokud si nevytvoříme pocit nějakých hranic, mezí, pocit nějakých povinností a určitého řádu, bude to pro lidstvo znamenat obrovský problém.

Ve skutečnosti musíme pochopit, že člověku budoucnosti budou stačit dvě až tři hodiny denně na sebeobsluhu a na ostatní atd. Všechen zbývající čas bude ponechán sám sobě.

Pro zachování takového stavu věcí si musí sociologové, psychologové a politologové dobře promyslit, jakým způsobem bude mít každý z nás možnost pocítit, že je pro společnost potřebný, což člověku poskytuje pocit života. Není to jednoduché v případě, že chybí povinnosti, když neexistuje nutnost vydělat více peněz atd.

Přicházíme tudíž k naprosto jinému vztahu k sobě, ke společnosti a k životu.

Příroda nás donutí upustit od nadbytečné výroby. V důsledku toho prakticky zmizí střední třída – zůstanou rozhodující špičky s nepatrným množstvím úředníků, obrovské masy nezaměstnaných a ti (maximálně 10 % obyvatelstva), kteří se zabývají výrobou a prací ve službách pro ostatní. Zapotřebí je právě těchto 10 %, ostatní z životního hlediska nejsou nezbytní.

Lidstvo je však stvořeno tak, že se zejména těchto 90 % musí zabývat úplně jinou činností. Musí se zabývat sebezdokonalováním a vytvářet takové integrální prostředí, které by celých 100 % společnosti přivedlo k rovnováze s přírodou. Pak budeme mít právo na existenci.

Pokud například jako v divokém hollywoodském filmu zůstane pouze 10 % těch, kteří budou nezbytní pro zajišťování výroby, nebude tím dosažen cíl stvoření. Cíl stvoření spočívá v tom, aby veškeré úrovně přírody včetně lidstva mezi sebou dosáhly absolutní harmonie. Pouze tehdy se tento systém stane dokonalým.

Plus a mínus

*Samotný zákon přírody
se nemůže změnit,
ale lidé ho mohou stále
jasněji a jasněji chápat
a naučit se,
jak ho dodržovat v životě.*

L. Tolstoj

V přírodě existují dvě síly – síla dávání a přijímání. Na různých úrovních: biologické, fyzické, etické – není důležité na jaké, se projevují jako vyrovnané systémy kladných a záporných sil.

Život vzniká jako důsledek harmonie založené na stálé podpoře, neustálém doplňování a vzájemné součinnosti těchto systémů.

V perspektivě svého rozvoje musí lidská společnost dospět k takové vzájemné součinnosti s přírodou, kdy se síla dávání bude rovnat síle přijímání: přijímáme tolik, kolik dáváme, a dáváme tolik, kolik dostaneme. Dosáhneme-li takového stavu, budeme na naší planetě žít v úplné harmonii a rovnováze. Příroda vyžaduje, abychom k takovému stavu dospěli.

Tento obecný vesmírný zákon v žádném případě nemůžeme ovlivnit. Máme možnost pouze pochopit, kam kráčíme a jakým způsobem tento zákon můžeme následovat. Takto se budeme cítit komfortně na všech úrovních našeho rozvoje, a nikoliv pouze v konečném stavu.

Vesmírný komfort

*Opravdu je náš nicotný úděl takový:
být otroky žádostivosti svých těl?
Vždyť ještě ani jeden žijící na světě
žádostivost svoji
uspokojit nedokázal!*

Omar Chajjam

Co je skutečně nezbytné pro naši komfortní existenci?

Je zřejmé, že potřebujeme střechu nad hlavou, možnost živit rodinu, jediné, všem dostupné zdravotnictví, pocit osobní bezpečnosti. Tyto základní podmínky musí být garantovány každému člověku, pokud vyhovuje všem požadavkům společnosti.

Požadavky jsou prosté. Jak už jsme o tom hovořili, může to být:
- účast ve výrobní činnosti, kde bude zaměstnána nepatrná část obyvatelstva;
- práce na vytvoření homeostázy – rovnovážného systému všech aktivit člověka na naší planetě; tímto se bude zabývat celá ostatní část společnosti.

Pokud to všechno dokážeme vysvětlit, spatříme jinou společnost.

Musíme vysvětlit celou historii lidstva jako následek rozvoje našeho egoismu, který se dnes vyšplhal na maximální úroveň. Náš egoismus nás dnes přivedl k absolutnímu nasycení a nevidíme na našem rozvoji nic dobrého. Naopak, směřujeme někam dolů.

Z jedné strany tudíž nejsme schopni postupovat po stávajících, tisíciletími vyježděných kolejích, a z druhé nechápeme, co máme dále dělat... Nový přístup k životu proto musí člověku umožnit nápravu krizových situací v rodině, ve společnosti, v ekonomice atd.

Aby se lidé tento nový přístup mohli naučit, je zapotřebí založit kurz integrální výchovy. Je žádoucí provádět takový kurz formou skupinového vyučování, kde by byli posluchači zapojeni do kolektivních diskusí a ve hrách na role by doslova propracovávali nejrozmanitější složky vzájemného kontaktu. Získané znalosti poskytnou člověku možnost dodržovat zákony chování v integrálním světě, což mu umožní, že nebude mít potřebu s nikým vstupovat do konfliktních situací, bude se cítit naplněn a zcela bezpečně.

Tímto způsobem začneme formovat nový druh společenských vztahů, nový pohled na svět, v jehož důsledku člověk bude cítit globálnost přírody, její vnitřní harmonii. Právě tato vnitřní harmonie je ve své podstatě naší hlavní potřebou. Přejeme si ji cítit ve svém životě a marně se jí pokoušíme dosáhnout prostřednictvím našeho vzájemného soutěžení.

Není to SSSR

Ve stejné chvíli oceán
napadá skály severu i jihu.
Živé vlny – lidé různých zemí –
v celém světě
se znají navzájem.

S. Maršak

Musíme tudíž vybudovat takovou společnost, kde každý dostává tolik, kolik je pro něho nezbytné, a každý skutečně (prosím věnujte tomu pozornost) odevzdává společnosti tolik, kolik od něho společnost nezbytně potřebuje. Toto je globální, integrální vzájemný poměr.

Kromě toho člověk dostává potěšení a naplnění z toho, co zároveň odhaluje v integrálním spojení.

Nastává to, že čím více odevzdávám, čím více jsem zapojen do integrální společnosti, tím více naplnění dostávám. Odhaluji tento systém, vstupuji do něho a jsem jeho součástí.

Příroda nás stvořila tak, že právě maximální realizace tohoto společného systému nám také poskytuje možnost se do něho integrálně zapojit. Naše osobní účast v žádném případě není v rozporu s integrálností celého systému, ale naopak, každý dostává příležitost se plně projevit.

Nepohodlí, které cítíme, je výsledek odlišnosti našeho dnešního stavu od společnosti budoucnosti. Pokud to člověku odhalíme, uvidí, jakým způsobem může prostřednictvím změny sebe samého změnit společnost.

Tím lidi přivedeme k vytváření komfortního, integrálního a srdečného pozadí vzájemných vztahů nikoliv cestou revoluce, ale zejména prostřednictvím samotných vzájemných vztahů. Následně to bude mít vliv na všechno ostatní.

V každém z nás jsou obrovské vrstvy egoismu, které potřebujeme napravit, abychom začali rozumět tomu, že integrální společnost je souhrn našeho egoismu spojeného navzájem vlastnostmi dávání.

Podle míry, v jaké se toto vše budeme učit, a hlavně se vše snažit praktickým cvičením pocítit a realizovat, získáme větší citlivost k vlastnímu egoistickému zlu, takže si ho potom budeme mít možnost uvědomit dokonce i v nejmenších projevech. V tom případě již nebudeme jako osel, kterému před tlamou visí mrkev a zezadu je vozatajem popoháněn holí, ale vědomě a bez nátlaku budeme postupovat ke skutečnému štěstí.

Do školní lavice

Homo sapiens vůbec není vrchol evoluce a člověk budoucnosti se bude razantně lišit od současného; i „struktury mozku budou podstatně změněny".

V. Vernadský

Nejoptimálnější systém vyučování v rámci našeho vzdělávacího a výchovného programu je studium přes internet. Student se musí propracovat každou lekcí, odpovědět na otázky z lekce a poslat svoje připomínky. Stručně řečeno, člověk musí studovat aktivně. Po absolvování kurzu je nutné složit zkoušky, ale takovým způsobem, aby bylo zřejmé, že člověk předepsané znalosti skutečně ovládá.

Proces vyučování každého studenta musíme kontrolovat velmi precizně, protože úspěšné fungování integrální společnosti závisí na každém z jejích členů. Je to zapříčiněno velmi zajímavou vlastností: poněvadž je systém integrální, nejsou v něm více nebo méně důležité součásti – všechny jsou si rovny. Takže se jedná o docela přísný systém.

Dále je po zkouškách nutné absolventy spojit do skupiny, kde se budou zabývat psychologickým tréninkem.

Program je připraven pro naprosto obyčejné lidi, kteří tvoří základní část společnosti. Právě oni se stali rukojmími toho, co se odehrává v reálném čase. Společnost už má zakořeněné zvyky vzájemných egoistických vztahů, ve kterých využívá jeden druhého. Nejsou žádné pochyby o tom, že překonat staré zvyky a vytvořit nové je možné pouze prostřednictvím výchovy.

Musí to být výchova pozvolná, která pomocí příkladů a bez veškerého nátlaku přivede člověka ke změně uvědomění.

Pokud má skupina lidí jeden cíl, stejné smýšlení, pak síla tohoto společného myšlení velmi mocně působí na okolí. Jestliže například dokážeme na základě takového systému spojit sto tisíc lidí, pak se směr k budoucí integrální společnosti – dá se říci – včlení do vnitřního podvědomého spojení, které existuje mezi všemi obyvateli Země. Lidé se o tuto ideu začnou zajímat, budou jí vyhledávat a pocítí, že je jim blízká.

A proto je důležité začít.

Kapitola 2

Nový ideál – my

Nemám ani hlas, ani sluch
a není a nikdy nebyl.
Ale tvrdohlavě sbírám síly,
zpívám...
Ale můj hlas je slabý, jaké neštěstí!
Ale ticho mne oddělilo
od chraptivých barytonů a basů.
Ó, jak mohutný a jak krásný
je můj hlas znásobený na sto hlasů!

N. Staršinov

Především si musíme ujasnit, že pracovat musíme přesně tolik, kolik je nutné pro zabezpečení přiměřené důstojné úrovně. Nejedná se o minimální úroveň, ale o právě takovou, kterou si určíme jako optimální. Za druhé, vymoženosti lidstva – v průmyslu, masmédiích, moderních komunikačních technologiích, mezinárodním obchodu a službách – byly předem naplánovány přírodou.

Jako následek vzniká v našem životě doslova kosmická prázdnota; jakoby ničím nezaplněný čas. „Jakoby" – protože byl tento čas určen „vyšším řízením" neboli přírodou (což je stejné) pro naše vzdělání: pro dosažení rovnováhy, stavu úplné harmonie.

Jsme povinni se k tomu začít chovat jako k objektivní realitě.

Naším úkolem je vytvořit metodiku výchovy jak pro dospělé, kteří se „prosadili", tak i pro lidi, kteří se cítí být na okraji života, a také pro všechny, kteří nezvládli dospět ke „svátku života", tj. ještě si nezvykli kráčet po vyšlapané cestě.

První krok je přivést lidi k uvědomění, že musíme spojit všechna naše úsilí pro dosažení harmonického vztahu a shody bez ohledu na jakékoliv rozpory. To znamená, nikoliv „já" – za každou cenu a všichni ostatní pro mě nejsou důležití, ale „my" – všichni společně.

„My" musí být naším ideálem; všechno ostatní není důležité. Kdo má pravdu a kdo je vinen není důležité. A na základě toho přijímat řešení, vytvářet jakékoliv plány a programy. Všechno – pouze skrze „my". Pak se pro nás v přírodě odhalí naprosto jiná úroveň existence – úroveň, která je pro nás přírodou naplánována.

Toto je vzor současnosti, který si lidé musí osvojit. Musí si na to přivyknout, změnit absolutně všechny své myšlenky, postoj k životu, ke světu – ke všemu.

Právě to v první řadě. Následují všechny ostatní disciplíny integrálního vzdělávání.

Učit se, učit se, učit se

Děti, připravujte se do školy.

L. Modzalevský

Jsme úplně podobni dětem – nyní začínáme odhalovat nový život, nový svět a nové vztahy k němu. Jsme jako děti, které musí pochopit tento nový integrální svět, který se k nám přibližuje, abychom necítili jeho přibližování jako globální krizi. Proto je nutné všechny naše činy nasměrovat na dosažení harmonie se světem, který k nám přichází.

Příroda s námi dnes začíná jednat jako s integrálním systémem, který je vzájemně propojený, vyrovnaný atd. Nejdůležitější, co si musíme ujasnit, je, že to vše není něčí rozmar, smyšlenka, nebo nějaké filosofické výmysly, ale skutečný zákon přírody, který se postupně začíná realizovat v lidské společnosti. Krize spočívá v tom, že s ním nejsme v souladu.

Věk nehraje roli. Důležitý je výlučně náš status vzhledem k novému světu, novému společenskému systému, do kterého musíme vstoupit. Ve vztahu k němu jsme děti, které se musí učit a postupně se transformovat a formovat.

Takže nad sebou budeme muset náležitě zapracovat, znovu se posadit do školních lavic a učit se, učit se, učit se…

Aby bylo naše studium úspěšné, musíme k tomu vytvořit maximálně vhodné podmínky. Pokud spolu studují muži a ženy, obvykle dochází k dodatečným obtížím. Jsme jen lidé a je správné a normální, že máme zdravé instinkty. V době studia je vhodné působení těchto instinktů raději odstranit. V současnosti prokazuje v řadě případů větší účinnost oddělené vyučování.

Po určité přípravě mužských a ženských skupin na základě probraného a osvojeného studijního materiálu a hlavně změn ve vnímání integrálního světa je možné je spojit dohromady. Ve vzájemné diskusi, prověřování a vzájemné kontrole jakoby za použití zrcadla mohou vytvořit nový systém vzájemných vztahů – předobraz budoucí společnosti.

Každý věk je vhodný

Ať už by byl člověk špatný,
nespravedlivý, hloupý
či nepříjemný,
pamatuj si, že pokud si ho
přestáváš vážit,
přerušuješ tím spojení
nikoliv pouze s ním jediným,
ale také s celým duchovním světem.
Aby bylo lehké žít
s každým člověkem,
přemýšlej o tom, co tě s ním spojuje,
a nikoliv o tom, co tě rozděluje.

L. Tolstoj

V procesu výchovy dětí existuje několik etap, které jsou závislé na věku. Stupně, po kterých se v procesu výchovy posunuje dospělý člověk, nezávisí na věku.

Ve věku kolem 18–20ti let se už jedná o zcela dospělého člověka a jeho další postup záleží pouze na množství a kvalitě nastudovaného materiálu – teoretického a praktického. Takže je pro tento druh studia v podstatě „vhodný" každý věk.

Zřejmě se to projevuje na lekcích a v praktickém procvičování, kde spolu značně věkově odlišní lidé projednávají naprosto nové společenské, osobní i rodinné vzájemné vztahy, a přitom vůbec nevnímají věkový rozdíl. Otázky, které člověk pokládá, a podmínky zapojení do procesu vyučování vůbec nezávisí na věku. To, co má význam, je délka studia. Znalosti se samozřejmě nabývají postupně v průběhu několika let.

Budou přicházet noví studenti, proto se stávající skupiny musí obnovovat nebo případně zakládat úplně nové. Skupiny se budou rozdělovat a znovu spojovat...

Takže musíme – tak říkajíc – neustále „promíchávat" skupiny našich studentů, aby se mohli rychle orientovat a přijímat nejoptimálnější rozhodnutí v naprosto různých situacích, se kterými se setkáváme v životě.

Jsou to vzájemné vztahy s kolegy v práci, se sousedy, s lidmi, kteří ti jsou z různých důvodů nepříjemní, nebo naopak s příbuznými, kterým jsi něčím zavázán, atd.

V předem připravených, všeobecných vzájemných vztazích s lidmi, kteří mají podobné názory a cíle, už bude probíhat určitá transformace, a toto vše je třeba projednat a zvážit. Člověk to musí prožít, zakusit. Musí se vtělit do lidí ve svém okolí, porovnat je mezi sebou a nakonec se s nimi spojit do jednoho celku.

Celý svět – divadlo

Celý svět je jeviště
a všichni lidé na něm jenom herci.
Každý má svoje vstupy a odchody
a každý hraje více rolí.

W. Shakespeare

Dokud se dítě nestane dospělým, neseme za něho plnou odpovědnost my, dospělí. Na děti neuplatňujeme nároky „dospělého světa", ale postupně je připravujeme k tomu, aby tam byly schopny vstoupit. Přesně tak musíme jednat i s nováčky: přijímat je jako děti, podporovat je a samozřejmě od nich neočekávat okamžité skvělé výsledky.

Ale zároveň nesmíme zapomínat, že jsou naši studenti dospělí lidé, kteří mají pocit osobní odpovědnosti. Proto je například zapotřebí mít pro skupinu 10 dětí dva instruktory (podle našich zkušeností), ale pro skupinu dospělých s počtem 30 až 40 lidí naprosto stačí jeden vyučující.

To – především.

Také je nutné pochopit, že každý student vykonává na lekcích těžkou psychickou práci se sebou samým, doslova se seznamuje se sebou samým, zjišťuje, „kdo jsem já".

Sám sebe vnímám jako herce v různých postavách divadelního představení pro jednoho herce.

Dejme tomu, že jsem kdysi potkal nějakého člověka, jeho obraz mám v sobě zachovaný a nyní jej reprodukuji. Všichni hrajeme, což je podstata člověka. Proto je nejdůležitější, abychom právě na praktických cvičeních člověku poskytli správnou sadu postav, které může následně zreprodukovat. Na základě toho, co a jak bude hrát, bude porovnávat svůj postoj k postavě, kterou hraje. Tímto způsobem pochopí, kdo ve skutečnosti je, jelikož se jeho vnitřní schopnosti a dispozice budou neustále projevovat ve vztahu k tomu obrazu, který člověk hraje.

Právě ten rozdíl mezi tím, kdo je, a tím, co hraje, poskytne člověku možnost nakonec poznat sám sebe. Pak bude moci skutečně projevit sám sebe, svoje původní kvality, vlastnosti a talenty, což také učiní svět integrálním.

Kromě toho je nutné, aby se absolutně každý student stal instruktorem nové integrální výchovy. Člověk totiž nemá právo se tím zabývat jenom z hlediska sebevzdělání, ale v míře osvojení metodiky je povinen tyto vědomosti šířit dále.

Sám sobě prokurátorem

*Je také zřejmé,
že monolit života v celku
není prostá sbírka oddělených,
náhodně sebraných nedělitelností,
ale složitá organizovanost,
jejíž části mají funkci,
vzájemně doplňují jedna druhou
a napomáhají jedna druhé.*

V. Vernadský

Jednou z prioritních forem tréninku může být soud, porota v plné sestavě; tj. samotní porotci, prokurátor, soudci, advokáti, poškození, obžalovaní, svědci...

Prakticky je možné provést analýzu jakékoliv životní situace formou soudního zasedání.

Výsledkem takového přelíčení by mělo být odhalení všech rozporů a následně dosažení maximální integrace těchto protikladů a pochopení toho, že jsou všichni lidé různí a každý může zastávat vlastní názor. Zároveň se však nad svým názorem musí povznést ve snaze dospět ke shodě s ostatními. Výsledkem soudu není trest, který člověku vybíráme, ale společné rozhodnutí, tj. shoda, a dokud toho není dosaženo, soud není považován za završený.

V míře získaných znalostí postupně dospějeme k pocitu naší jednoty – jak mezi sebou navzájem, tak i s přírodou.

Představte si, že jste členem posádky na malé lodi na bouřlivém moři a vaše osobní bezpečnost závisí pouze na vzájemné spolupráci. Bouře bude pokračovat, a dokonce zesílí, dokud nedokážete jednat sladěně, ale okamžitě přestane, pokud dosáhnete vzájemné součinnosti.

Ve skutečnosti si s námi příroda tímto způsobem hraje, protože si nás přeje posunovat k dalšímu stavu, a my se postupně chtě nechtě měníme. Jinak se nezachráníme. Musíme se tento jazyk přírody naučit, začít ho cítit a takzvaně s ním komunikovat. Když budeme schopni ovládat určitou míru vzájemného integrálního spojení, pak zjistíme, jak svoji jednotou působíme na přírodu.

Uragány, zemětřesení, tsunami, revoluce – toto všechno a ještě mnohé další – bude doslova okamžitě přímo závislé na našem chování. Odhalit toto vzájemné působení je pro člověka velmi důležité. Potom si uvědomí, že komunikuje s přírodou a působí na ni.

To nás posune na další úroveň existence, kde už nejsme „slepá koťata", bezmocné elementy přírody, ale rozumná, prakticky všemohoucí stvoření.

Mírou vzájemného působení jsme schopni vyvolávat nejrozmanitější vlivy na přírodu.

Můžeme vystoupit nad rámec všech doposud známých zákonů přírody. Omezení nejsou.

Zatím se však jen domýšlíme, že je to možné...

Adaptace pravdy

Když přírodu omrzí
dusit se jedem a křivdami,
projeví svůj protest,
jako to bylo s Atlantidou.

I. Guberman

Takže, dokud veškeré lidstvo nepostoupí na maximální úroveň součinnosti s přírodou, kdy s ní budeme vnitřně prakticky spojeni, nelze zrušit program adaptace na globální integrální svět. V opačném případě nás příroda všemožnými údery okamžitě donutí s ní dosáhnout rovnováhy.

Když dnes sledujeme tendenci rozvoje přírody, můžeme říci, že nás rozhodně přivede do stavu úplné harmonie. Člověk přitom bude postihovat hluboké informace o vlastní existenci, které jakoby se nacházely mimo tělo. Vždyť informace je věčná; její koloběh je ve svých různých projevech věčný. Nyní se projevuje prostřednictvím těla, ve kterém existujeme určitou dobu, může se však projevovat i skrze jiné obrazy.

Čím hlouběji budeme pronikat do informační vrstvy, tím bude pokaždé narůstat pocit odporu našeho egoismu. Bezdůvodná nenávist, rozpory, které se objeví jako hrom uprostřed čistého nebe, nepochopení na všech úrovních jakéhokoliv původu, které nás bude trýznit – nač to potřebujeme?!

Pozvednutím se nad tímto odporem, spojením jemu navzdory – a není to paradoxní – jeho zásluhou vytvoříme nástroj, s jehož pomocí dospějeme do budoucího harmonického světa.

Vyřešit tento úkol se dá pouze ve skupině, kde jsou základní principy upřímnosti a otevřenosti. V takové skupině není potřeba vyjasňovat, kdo má, nebo nemá pravdu. Nikdo z nás pravdu mít nemůže; pravda se nachází ve spojení mezi námi.

Musíme se naučit existovat mimo sebe v té společné realitě, kterou budujeme, protože právě to je objektivní realita. To, co je uvnitř mě, je subjektivní, mnou vymyšlený, absolutně nereálný svět.

Je třeba se pozvednout výš – do společného přání – a pak uvidíme naprosto odlišný obraz světa, který se bude razantně lišit od toho, který pozorujeme dnes.

Sféra zájmu

*Život není břemeno,
ale křídla tvorby a radost;
a pokud ji někdo mění na břemeno,
je za to vinen on sám.*

V. Veresajev

Srovnáváním vnitřních vlastností a kvalit každého z nás vytváříme určitý celkový obraz nazývaný „člověkem". Přitom se natolik vzdalujeme od svých osobních vlastností, že dokonce i vlastní tělo začínáme vnímat jako něco cizího, jako živočicha, který existuje vedle mne. Dochází k naprosto jasnému pochopení, že existují dva světy: vnitřní – psychický a vnější – sociální (rodina, interakce s okolím atd.).

Pokud se tedy člověk nachází v integrálním systému, pak zcela ztrácí pocit „živočišné" blízkosti (příbuzenské vztahy), začínáme se ke všem lidem chovat více méně stejně. Tímto odstraňujeme všechny hranice, které nás rozdělují.

Současný svět nám poskytuje názorné příklady toho, jak se rozpadají původní přirozené vztahy. Zdálo by se, že rodiče a děti... Dnes však rodiče často dávají své děti na výchovu jinam – zříkají se jich a děti své rodiče brzy opouštějí. Důsledkem toho je přerušení propojení mezi generacemi. Není už ani bývalá náklonnost mezi sourozenci, pokud sourozenci vůbec existují.

Samotná příroda nás jakoby postrkuje k rovným vztahům jednoho k druhému, pozvedá člověka nad živočišným spojením.

Ale stejně, jak bude vypadat současná průměrná rodina v budoucnosti, čím se bude zabývat v budoucím integrálním světě? Samozřejmě, že je to veliký rozdíl oproti tomu, co se odehrává dnes.

V dnešní době člověk pracuje pět, dokonce i šest dní v týdnu. Je zaměstnán natolik, že se všechny domácí starosti odkládají na víkend včetně komunikace s dětmi. Odpočinek – návštěva obchodního střediska, občas výlet s dětmi do aquaparku, do zoo... Všechno. Divadla, koncerty, muzea, čtení knih – je pro vyvolené.

Všechny tyto prvky chování zahynou. Sféru zájmu člověka určuje jeho vnitřní stav. V jakékoliv skupině integrální výchovy pozorujeme (bez ohledu na to, ve kterém koutku světa se nachází) opravdu intenzívní kulturní život. Natáčení videoklipů, divadelní představení podle vlastních scénářů, společné hostiny, hudební večírky, písně a mnohé další aktivity.

Je to tvůrčí proces, který probíhá přirozeně, pouze na základě vnitřní potřeby. A to je tím nejdůležitějším, čím se lidé budou zabývat.

Kdo je to „já"?

Bezmezná vláda přírody
není pro nás proto těžkostí,
že pocit viditelné svobody
dala žijícímu.

S. Maršak

Vyučování ženatých párů je dost složitý a delikátní proces.

Manželé musí být zařazeni do různých přípravných skupin – mužské a ženské. Přitom je samozřejmě neodpojujeme od rodiny; pokračují v běžném normálním životě jako manželé stejně jako předtím. Naším úkolem je se v žádném případě nedotýkat jejich vzájemných osobních vztahů, ale každého pozvednout nad sebou samým, nad zavedeným rodinným životním stylem.

Základní problém mužů a žen je nepochopení psychologie integrální společnosti, technologického postupu při rozhodování, který je založen na sebeovládání. Nejedná se o žádné opravdové potlačování sebe sama, jako to vnímáme dnes, ale o umění se naprosto vědomě vzdát vlastního názoru a spojit se s oponenty pro realizování společného cíle.

Jak dosáhnout takového pochopení?

Abychom získali odpověď na tuto otázku, zkusíme si nejdříve vyjasnit, kdo je to člověk.

Každý z nás musí pochopit, že nikdo z nás nevytvořil sám sebe:

1. Své vlastnosti a vnitřní schopnosti a kvality jsem zdědil po svých rodičích, moji rodiče od svých rodičů atd., tudíž od předků z pokolení na pokolení.
2. Vliv – v procesu mého růstu – okolní společnosti, kterou jsem si já mimochodem nevybral.
3. Obecně neznámé faktory – proč a jak...

A kde je moje „já"? Co jsem zač? Například dítě – to je prostě automat, malé zvířátko, ve kterém se postupně odněkud začíná projevovat „já" – něco samostatného, vlastní osobní struktura. Co to je, nevíme.

Nejdůležitější je tedy odhalit a realizovat toto moje „já". Potom pro mě nebude důležité, jaké vlastnosti a kvality jsem získal, protože to jsou čistě náhodné parametry. Nejsou moje, a tudíž nedá zvláštní práci se nad nimi pozvednout.

Tato naše „já" musíme spojit a vynechat všechno ostatní. Když je spojíme do jediného celkového organismu, bude skutečně dokonalý jako samotná příroda.

Kapitola 3

Unikátní objekt

*Člověk by mohl být popsán
jako živočišná ostýchavost.
Stydím se – tudíž existuji,
nejen pouze fyzicky existuji,
ale i morálně:
stydím se za svou živočišnost,
proto také ještě existuji jako člověk.*

V. Solovjov

Metodika integrálního vzdělání se skládá ze dvou kurzů: teoretického a praktického. V teoretickém kurzu je především vysvětlován evoluční vývoj vesmíru počínaje „Velkým třeskem". Co bylo předtím, doposud ještě není známé.

Evoluční rozvoj je vznik a poté následné stupňovité přetváření hmoty.

M. V. Lomonosov řekl: „Propast se odhalila, plná hvězd, hvězd je bezpočet, propast – nemá dno." Na první pohled čítankové řádky, ale před našima očima je výsledek počáteční etapy rozvoje – „neživá příroda".

Poté v této propasti vzniká naprosto unikátní objekt – Sluneční soustava a naše planeta Země.

Dosud jsme nenašli a v celém vesmíru nenajdeme nic podobného, nehledě na to, že se články časopisů hemží zprávami o senzačních objevech. Ohromující jev – proměna neživé hmoty v rostlinnou, rostlinné v živočišnou a nakonec – člověk...

Úroveň nazývaná „člověkem" také prochází čtyřmi stádii rozvoje. Přání, která nás tlačí dopředu, se stejně tak rozvíjejí z neživé podoby přes rostlinnou a živočišnou až k lidské.

Pokud historii lidstva prozkoumáme z hlediska rostoucího egoismu, začneme sami sebe vnímat jako součást evoluce.

Dnes odhalujeme naše integrální spojení, ale pouze na technologické, ekonomické a společenské úrovni. Příroda nám ponechává nenaplněný prostor pro vnitřní spojení mezi námi, ale pokud tento prostor nezaplníme, budeme se podobat obrovskému analogovému systému, ve kterém je vše vzájemně propojené, ale ta jeho nejdůležitější část – naše vědomá účast na tomto spojení – chybí.

V dnešní době to začínáme cítit víc a více. Lidstvo si začíná uvědomovat, že nic z tohoto současného každodenního života nevzniká v něm...

Odhalit před lidstvem systém vesmíru, naše místo v tomto systému a ten dodatek, který my sami – vědomě a svojí zjevnou účastí – do tohoto systému musíme vložit čili jej ukončit, dovést ho k završení harmonie. Toto je základní kurz.

Bludné balvany

Žádnou vědou
nesestavíte společnost,
pokud chybí ušlechtilý materiál –
skutečná a dobrá vůle
žít poctivě a láskyplně.
Věda ukáže výhody,
a dospěje jen k tomu,
že nejvýhodnější ze všeho
je být čestný.

F. Dostojevský

Podle zkušeností se člověk učí ochotněji a pilněji, čím větší vidí ve znalostech užitek (jak se mu zdá), čím více může ze získaných znalostí vytěžit.

Například budu vědět, že evoluce je rozvoj egoismu, budu znát systém formování (uspořádání) planet atd. Ale nač mi je tato informace, jakým způsobem je spojena s mým dostatečně složitým životem?

Tato informace člověku poskytuje možnost se pozvednout nad svoji „živočišnou" úroveň. Začíná vidět tuto prakticky nekonečnou časovou osu, na které se momentálně nachází: jako maličký, slaboučký, zotročený prvek.

Právě z tohoto nicotného stavu ho můžeme pozvednout do pociťování všemohoucnosti: „Ve skutečnosti se nacházím na nejvyšší úrovni. Mám možnost vystoupit za hranice času a prostoru..." Toto je počátek prohlédnutí, které se člověku ukáže.

Z počátečního kurzu „Evoluce jako rozvoj egoismu" vycházejí všechny ostatní.

Z hlediska důležitosti poté následuje kurz „Svobodná volba". Uvědomění si toho, v čem spočívá moje svobodná volba, jestli mám možnost se osvobodit od všemožných vynucených hodnot a idejí, které ve skutečnosti nejsou ani hodnotami, ani idejemi, ale prostě jen obchodními zájmy někoho – právě na toto uvědomění je „navázáno" moje přijetí těch nebo jiných rozhodnutí.

Člověk se v našem světě objevuje s již danými základními vlastnostmi, které pak rozvíjí pod vlivem obklopujícího prostředí. Takže si nevybírá ani vnitřní parametry, ani vnější faktory, které ho ovlivňují, a proto zde svobodná volba není.

Svobodná volba je pouze ve výběru okolního prostředí, které by mne zformovalo v souladu s tím, jaké úrovně osobního rozvoje chci dosáhnout. Ale i tady je problém: „Na základě čeho jsem se rozhodl, že je pro mne vhodné právě toto, a ne jiné prostředí?"

Celkově je tady ještě hodně vnitřních nejasností a toto pochopení ve skutečnosti probíhá na úrovni citů, srdce: „Kde se opravdu nachází moje svobodná volba?"

Není to jednoduché.

Pátý element

Jak má srdce vyjádřit sebe?
Jak má druhý pochopit tebe?
Pochopí-li on, čím ty žiješ?
Vyslovená myšlenka je lež.

F. Ťučev

Vyhnout se mylnému výběru správného prostředí nám může pomoci kurz „Teorie poznání".

Předmětem studia tohoto kurzu je naše vnímání okolního světa čili:
- jakým způsobem vnímáme tento svět;
- nakolik je naše vnímání následkem našich vnitřních stavů, vlastností;
- máme-li možnost mít vliv na svoje vnímání a jak;
- jsme schopni vnímat tento svět z různých úhlů pohledu, jakoby převtělením se jednoho do druhého.

„Vyjádřil jsem se správně? Máš představu, o čem mluvím? Rozumíš mi?" – Stále se staráme o vzájemné pochopení, ale ono není a nebude, dokud se nenaučíme rozumět vlastnostem a citům druhého, doslova se na svět podívat očima druhého.

Stejně tak nemůžeme poznat svět bez našeho vzájemného prolínání. Vidím naprosto jiný svět teprve tehdy, když se svým úsilím a svým naladěním jakoby propojuji s celým lidstvem. Přede mnou se otvírá podivuhodný obraz – mnohostranný svět, zvětšený sedm miliard krát, jednotný a zároveň složený z obrovského množství buněk.

Pokud mezi sebou dokážeme navázat vztahy na takové úrovni, automaticky se do tohoto procesu zapojí ostatní části přírody. Praktické použití teorie poznání nám poskytuje možnost neomezeného zvětšení síly proniknutí do tohoto světa.

Samozřejmě, že když ze sebe vytvořím počáteční prvek integrální součinnosti, přeji si dospět ke svému následujícímu stavu. Vyhnout se omylu je nyní mnohem jednodušší, protože už poměrně přesně vím:
- v čem spočívá podstata moji přirozenosti;
- jaký je můj další žádoucí stav;

- co mi chybí.

To, co stále nevím:
- jakým způsobem a na jaké moje vlastnosti musí působit okolní prostředí;
- je možné, že mám takové vlastnosti, na které působit nemůže a na některé ano – selektivně;
- jak mohu kontrolovat tento proces.

Tento požadavek je tématem dalšího kurzu: jak se prostřednictvím změny okolního prostředí stále rozvíjím žádoucím směrem.

Žádné nucení

*Nacházet se v jednotě s lidmi
je obrovské blaho.
Ale jak to mám udělat,
abych se spojil se všemi?
Spojím se tedy se svými příbuznými.
Ale jak s ostatními?
Spojím se také se svými přáteli,
s celým národem,
se všemi stejně smýšlejícími.
Ale jak s těmi, které neznám,
s jinými národy?...
Lidí je tak mnoho
a všichni jsou tak různí.
Co mám dělat?
Je pouze jeden prostředek:
nepřemýšlet o spojení s nimi,
ale v každém člověku vidět sebe,
a proto s nimi jednat stejně –
obezřetně a uctivě.*

L. Tolstoj

Pokud hovoříme o vědomí člověka, potom teze „dívat se na svět očima druhého" vyžaduje větší soustředění. Vždyť přece různí lidé – obyvatelé planety Země – mají naprosto odlišný systém uznávaných hodnot, například Evropané nebo Japonci. Musíme se naučit chápat všechny, nebo stačí porozumět lidem ve svém nejbližším okolí?

Jde o to, že vůbec není podstatné, jak se budu dívat na svět – očima Japonců nebo Ukrajinců, Indů nebo Afričanů. Důležité a to hlavní je změnit sebe sama takovým způsobem, abych akceptoval a absolutně absorboval různé cizí názory, přání a myšlenky, to znamená, aby se staly mými vlastními, to je všechno. Není důležité, jaké jsou. To není důležité...

Například se mi narodilo dítě s japonskou ženou. Syn. Po určité době se projeví, že má naprosto odlišné vnímání světa, než mám já. A teď, co s tím? Začnu ho „nutit", aby bezpodmínečně přijal můj pohled na svět?! To je naprosto nepřijatelné.

Celá naše metodika je postavena pouze na sebepoznání. V žádném případě se nejedná o potlačování sebe nebo ostatních! V žádném případě! Potlačováním se úplně odpojujeme od evolučního rozvoje směrem k harmonii s přírodou. Příroda to nebude tolerovat.

Příroda nás nutí dělat správné kroky a bude to dělat do té doby, dokud nenajdeme dobrou vůli a neučiníme správný krok. Ale s ukázáním toho správného kroku nespěchá...

Musím všemi možnými způsoby rozvíjet svého syna – jak je řečeno v Bibli: „Uč dítě podle jeho kroku," tudíž v souladu s jeho sklony, s jeho vnitřními schopnostmi, které jsou v něm založené přírodou.

Muž a žena jsou jedno

> *Manželství založené na vzájemné*
> *náklonnosti a uvážlivosti je jedno*
> *z největších blah lidského života.*
>
> *I. Turgeněv*

Nedovedeme si ani vzdáleně představit, nakolik vnímání nekonečna mění náš vztah k sobě, k okolí i ke světu. Je to psychologický záměr – postoj z pohledu věčnosti – jenž mne transformuje z kořene. Bez dostatečné přípravy, která zahrnuje všechny aspekty našeho života, to může vést ke vzniku stresových situací.

Z toho ovšem vyplývá, že kurzy – na první pohled jakoby nevýznamné jako „Způsob chování v rodině", „Řízení domácnosti" – jsou v procesu naší přípravy jako integrální osobnosti velmi důležité. Takové kurzy musí vést zkušený psycholog, který na příkladech z našeho života dokáže spojit minulé a stávající s tím, jak to má být v budoucnu.

A tak se vrátíme k rodině...

Rodina – tradiční nebo budoucí integrální – to je mechanismus svého druhu, dipól, ve kterém jsou kladné a záporné náboje spojeny v jedno. Na jedné straně nám příroda jasně ukazuje absolutně protikladné počáteční dispozice muže a ženy. Na druhé straně je snaha založit rodinu čistě přirozený jev. Protože pouze takový svazek mezi mužem a ženou je základním pilířem uspořádání světa.

„Muž a žena jsou jedno" – v tradiční i integrální rodině je toto tvrzení bezpochybné. Avšak stejně je mezi nimi rozdíl.

Integrální rodina není prostě jen spolek, který je založen z citových nebo obchodních důvodů, ale je to svazek pro dosažení společné harmonie. V takové rodině je přítomen pocit odpovědnosti nikoli pouze za sebe a za své blízké, ale také za celý jednotný svět, jehož součástí se taková rodina cítí.

Budeme muset pochopit, že harmonické vztahy v rodině umožňují blahodárně působit na přírodu. Jakoby tím vkládáme do přírody žádoucí údaje – kvalitativní a kvantitativní. Pokud je dnes ve světě hodně svobodných mužů a žen, pak v budoucím integrálním světě bude jednoho s druhým spojovat samotná příroda na základě podobnosti.

Naše dnešní studium nedopustí, aby vyhasl náš rodinný krb zítřka.

Přemíra zanikne

*Nikdy předtím nebyla křehkost
lidské existence natolik zjevná
a přízrak úpadku,
a dokonce i pád lidstva
nebyl natolik zřetelně vtisknut
v otřesených duších...*

V. Vernadský

Důležitou částí „rodinného" kurzu je jeho ekonomická složka, ekonomika rozumné spotřeby. Taková ekonomika bude vytvořena pod nátlakem přírody. Jednoho dne se staneme svědky toho, jak budou v důsledku krize stovky milionů lidí vyhozeny na ulici, velmi rychle a dramaticky se zhorší koupěschopnost obyvatelstva a svět přirozeně roztřídí to, co je skutečně nezbytné pro normální život člověka. Nemusíme nad tím ani přemýšlet.

Například potraviny. Dnes mají výrobci možnost vydělávat na kupujících. Výrobci se však ani nezamyslí nad tím, že co se jich týče, někdo vydělává na nich...

Budoucí sortiment bude vypadat velmi jednoduše: bude dost omezený (v porovnání s dnešním), ale ne tak, aby způsobil újmu na zdraví. Volba produktů bude odpovídat národnostním, kulturním a ostatním tradicím.

Kromě toho, budou-li naše zájmy soustředěny na náš vnitřní osobní rozvoj, přirozeně zahyne všechno zbytečné. Nebudeme potřebovat ve spotřebě hledat doplňkové nasycení. Lidé tudíž budou sami měnit své životní zvyky v míře přijímání hodnot integrální společnosti.

Samozřejmě, že se v lidech projeví určitý stereotyp myšlení, zvlášť v těch, kteří žili v socialismu. Naším úkolem je lidi osvobodit od strachu. Proto je nutné studentům vysvětlit, jakým způsobem a k jakému účelu budou použity zdroje Země, lidské, energetické atd.

Ve skutečnosti je to kurz pro dosažení harmonie s přírodou: jak si jako živočichové nebrat z přírody nic navíc. Vždyť jsme na naší materiální úrovni života jako živočichové. Proč si tedy z přírody musíme brát něco navíc? Zvíře si pro sebe ryje noru, dělá si zásoby, pokud se ukládá k zimnímu spánku, instinktivně se rozmnožuje, stará se o potomstvo, zabíjí pouze kvůli jídlu, ale ne více, než potřebuje. Musíme se chovat podobně.

U zvířat je harmonie s přírodou na úrovni instinktu, ale v našem případě musí být harmonie zrealizována vědomě, vytvořena námi osobně. V tomto spočívá základní cíl našeho studia – teoretického a praktického.

Kapitola 4

Jak začít

*Učení se samo o sobě
stává výchovou teprve tehdy,
když dosáhne vyšší sféry vědy,
vstupuje do světa idejí
a vnáší tuto ideu skrze mysl
do lidského srdce.
Pouze na této vědecké,
a nikoliv vzdělávací úrovni
získává morální sílu.*

K. Ušinský

V předcházejících kapitolách jsme zdůvodnili nutnost metodiky integrálního vzdělání. Samozřejmě, že jsme nastínili pouze v hrubých rysech, k čemu budeme muset v procesu studia dospět.

Takže je třída zaplněná našimi studenty... Jsou to dospělí lidé. Mnozí žáci ztratili práci, mnozí mají problémy v rodině, nemají možnost se seberealizovat atd. Je pravděpodobné, že se setkáme s křivdami, zklamáním, agresí.

Dokáží lidé v takovém stavu vnímat naši informaci, která je z jejich dnešního pohledu hodně teoretická, abstraktní? Čím je nutné začít?

Především vysvětlením, že my lidé máme dvě poloviny – srdce a rozum – a tyto dvě části se mezi sebou musí nacházet v harmonii. Teprve tehdy, když jsou city vyrovnané s rozumem, člověk získává víceméně objektivní pohled na svět. Pokud budeme vysvětlovat svůj pohled na existující problémy bez náležité přípravy, nic tím nedosáhneme – city získají převahu nad rozumem.

Právě to se dnes odehrává ve světě: bez znalostí obecných zákonů rozvoje pouze na základě maličkého životního egoismu přijímáme řešení, která v nás vyvolávají ještě horší stavy.

Není proto žádných pochyb o tom, že se v první řadě musíme vzdělávat. Je třeba si brát příklad z našeho přirozeného vztahu k dětem. Jak se rozvíjí dítě: „Já to cítím, já to, já tamto..." Jeho city v zásadě neustále doplňujeme vysvětlením, budujeme správný systém vnímání toho, co cítí.

Naše vyučování proto vyžaduje rozdělení na dvě části: teoretickou a praktickou.

Na teoretických hodinách získáváme nejrozmanitější znalosti, snažíme se je vysvětlit vědeckým jazykem, ale zjednodušeně. Může se jednat o projednávání vědeckých výzkumů, o diagramy, vzorce, atd.

Praktická cvičení až poté – když naše citové vnímání světa začínáme pozorovat z rozumového hlediska.

Probíhá to takto: rozum – v citech, city – v rozumu.

Přecházíme k osobnostem

Výchova je veliké dílo –
kterým se řeší osud člověka.

V. Belinský

Je ještě jedna překážka, kterou budeme muset v počáteční etapě studia překonat. Je to strach člověka před něčím novým, nestandardním. Jeho příčina tkví v tom, že moderní člověk (nyní mluvíme o lidech tzv. evropské civilizace) má bohaté zkušenosti se všemožnými omezeními včetně projevování svých citů.

Dnes jsme uzavření, stydíme se sami před sebou, před ostatními, máme strach projevit nějakou slabost. Co když to někdo zneužije? Jsem „silná osobnost", mám pevné zásady... A oni vůbec neexistují.

Proto se na prvních vyučovacích hodinách neobracíme na konkrétního člověka s jeho osobními psychologickými kvalitami, rodinnými poměry a sociálním statusem, ale hovoříme nekonkrétně – všechno pouze v abstraktní rovině. Pak postupně „přecházíme k osobnostem": tady je muž, tohle je žena, děti, tady je člověk ve vztahu se sebou samotným, s jeho vnímáním světa atd.

Takže v míře odhalení toho, co je vlastně člověk, společnost, globální příroda obecně, si postupně zvykáme na to, že jsme takoví, jací jsme od přírody. V takovém případě neexistuje nic, za co bychom se měli stydět a snažit se to skrývat před ostatními – naopak se musím úplně otevřít.

Například malé dítě (velmi oblíbený námět v malířství) leží v náručí matky. Dítě – nikdo a nic, ale ona je na děťátko soustředěna celou svou pozorností. Z pohledu přírody mezi nimi není žádná překážka, jsou absolutně spojeni. Právě takového spojení musíme dosáhnout v důsledku našeho integrálního vzdělání a výchovy.

Náš kurz musí být načasován takovým způsobem, aby studenti pochopili, že další úroveň našeho rozvoje představuje úplná integrace všech ve všem, když jsou všechny části přírody včleněny do člověka, člověk do nich, lidé mezi sebou a společně s přírodou tvoříme jeden organický celek.

Jak vytvořit skupinu

Štěstí je dáno pouze vzdělaným.
Čím více člověk ví,
tím jasněji a zřetelněji vidí
poezii země tam,
kde ji nikdy nenajde
člověk se skrovnými znalostmi.

K. Paustovský

Takže předpokládáme, že budou všichni lidé spojeni společnou základnou znalostí, citů a porozumění. Vzhledem k tomu je nutné upřednostnit vytvoření skupiny (je to sama o sobě velmi zajímavá psychologická úloha) na základě společného pohledu na svět a společné životní filosofie. Musíme předem zvážit, jedná-li se například o ženy v domácnosti, vědce nebo umělce. I když je jejich získané vnímání světa vnucené, zkreslené, musíme to brát v úvahu. Ideální sestavy studentů nikdy nedosáhneme.

Výsledkem toho bude vytvoření čtyř nebo pěti skupin, z nichž každá bude mít jiný přístup ke studijnímu materiálu. Buď to bude více vědecký přístup, nebo přístup citlivější. V některých skupinách bude studijní proces probíhat na úrovni egoistického rozvoje a některé budou usilovat o větší pochopení, analýzu, realizaci metodiky v plné míře v sobě samých i v ostatních.

Přesto, že základ disciplín musí být prakticky stejný, rozsah každé z nich musí odpovídat složení a úrovni skupiny.

Každou skupinu, do které jsme původně vybírali lidi na podobném společenském postavení, musíme vést k rozvoji, ke světu a tak dále.

Nakonec je všechny musíme dovést ke společnému pochopení procesu rozvoje lidstva. Toto společné pochopení bude samozřejmě také diferenciováno podle účasti každého na integrálním procesu spojení, vzájemné podpoře atd.

Absolventi odchází do světa. Nejsou to však školáci, kteří dostali maturitní vysvědčení, nebo studenti, kteří obhájili diplom – zůstávají s námi nadále. Naším studiem nejsou jen semestry mezi zkouškovým obdobím: složit zkoušky a to je všechno… Tady člověk skládá zkoušky každou minutu svého života, hledá bod rovnováhy se sebou samým, s prostředím, s přírodou. „Přechodná" ocenění neexistují: buď člověk najde bod rovnováhy a „… život je krásný a podivuhodný", nebo nikoliv.

V hledání bodu rovnováhy musíme člověku neustále pomáhat a doprovázet ho po celý život.

Kolektivní rozum

*Potvrzujíce v člověku
úctu k sobě samému
vycháváme ho pro kolektiv.
Neboť pouze ten,
kdo si váží sám sebe,
před sebe může klást
potřeby kolektivu,
je schopen mít aktivní vztah
i ke skutkům druhých lidí.*

V. Suchomlinský

Bohužel existuje pravděpodobnost, že se zmýlí ve výběru skupiny buď sám člověk, nebo lidé odpovědní za sestavení skupiny. Obvykle se to odhalí až po nějaké době. Mezi členy skupiny se zatím již úspěšně utvoří určité vzájemné vztahy – bez ohledu na způsob jejich vnímání, bez ohledu na „citové" nebo „rozumové" pochopení látky.

Dokud člověk nedosáhne správného pochopení integrálnosti, dokud se nenaučí bezbolestně navazovat vztahy s lidmi kolem sebe, je pro něj vhodnější zůstat v původní skupině a následně si již snadno vybere skupinu v souladu se svými potřebami a úrovní. Další studium (a to je také postupné posílení spojení skupin) přivádí člověka k takovému stavu, kde se cítí zapojený do všech úrovní lidstva bez ohledu na své základní přirozené parametry.

Vzájemné propojení předpokládá možnost používání citu a rozumu bližního pro dosažení společného blaha. Člověk začíná používat cizí zdroje jako vlastní. V takovém případě mizí osobní „já" – vzniká společný cit a rozum a postupně se stírají všechny rozdíly mezi lidmi. Přitom však nikdo necítí vlastní újmu, protože je tu prostor pro každého: tento obrovský rozum a obrovský smyslový orgán – srdce – budou patřit všem.

Každý z nás tudíž bude čerpat z jednoho zdroje – z jediného kolektivního rozumu. A kolik? Kolik dokáže a kolik bude chtít. Představit si něco takového je pro nás, kteří jsme zvyklí na výsledky našich praktických činů, skoro nemožné.

Jak proměnit sen člověka ve skutečnou realitu?

Pro tyto účely organizujeme různé akce, kde členové našich skupin vytvářejí společným úsilím určitý prototyp budoucí společnosti. Například výlety do pouště, kde chybí obvyklý komfort a člověka to přiměje ke spojení a poskytne mu to možnost postarat se o přátele a pocítit, nakolik je na nich závislý atd.

Ale toto vše zatím jenom v rámci laboratorních cvičení, nic víc...

Pro harmonii je vhodný každý věk

> *Ať už jsi prožil život bez trápení,*
> *co dále?*
> *Ať už je uzavřen tvůj životní okruh,*
> *co dále?*
> *Ať už v rozkoši prožiješ 100 let*
> *a 100 dalších let,*
> *řekni, můj příteli, co dále?*
>
> Omar Chajjam

Věková sestava skupiny je jeden z prioritních principů jejího formování.

Je známá věc, že překonat věkový rozdíl je často velmi obtížné. Problém „rodičů a dětí" byl, je a bude...

Samozřejmě, že se nakonec díky vzájemné podpoře a vzájemnému propojení budou moci členové skupiny pozvednout nad vším, co je rozděluje. Přesto se od začátku musí skupina zakládat podle homogenního principu.

Na podobnosti, souhře a sloučení vlastností je založena příroda a my se musíme řídit stejně.

Proto je například pro skupinu starších lidí vhodnější, aby vyučující odpovídali jejich věku i přesto, že někdo mladý může být brilantním učitelem, skvělým mladým specialistou.

Naším základním úkolem je odstranit co nejvíce překážek, které by byly překážkou pro správné vnímání kurzu.

Společné studium mužů a žen ve skupině starších lidí není takovou překážkou jako pro skupinu středního věku nebo pro mladé lidi. Jsou na takovou komunikaci zvyklí, je pro ně přirozená. Vzájemné vztahy mezi nimi se nezakládají na konkurenci nebo na jakýchsi vnitřních pohnutkách, ale na vzájemné pomoci a pochopení. Mají odlišnou psychologii a úplně jiný vztah k životu.

Člověk, který má velké zkušenosti dosažené délkou života, dochází k pochopení, že nikoliv on sám, ale samotný život řídil způsob jeho prožívání. Proto je pro něho koncepce integrálního světa, kterou mu nabízíme, přirozená a jeho postoj ke studijnímu materiálu je od počátku vlídný. Ve své podstatě člověku nabízíme možnost dosáhnout harmonie během krátkého (ve srovnání s dosavadním životem) časového úseku – nyní již je to též jeho snaha, vnímání a účast...

Každý člověk podvědomě a trvale cítí konec života a věk značně ovlivňuje jeho chování. Člověku v tomto životním období musíme dodat radost z pochopení, pocit pozvednutí se na novou úroveň, která se nachází nad naší živočišnou existencí.

Dnes přibývá lidí ve věku nad 60 let. Vytvořením takových skupin se zároveň zapojujeme do celého lidstva.

1 + 1 = 3

*Význam studia
často nespočívá pouze v tom,
že skrze houštinu lesa
proráží naprosto novou cestu,
ale i v tom,
že vytváří průjezdný průsek
a nutí všechny postupovat
po nové cestě.*

A. Fersman

Vyjasnění místa člověka v přírodě je klíčem k porozumění úkolům, které stojí před skupinou.

Musíme se snažit, aby měl člověk zapojením do skupiny možnost získat společnost, ve které jen prostě netráví čas, ale i žije a očekává svoji světlou budoucnost. Vytvořit prostředí radostného očekávání je naším úkolem ihned od počátku pobytu studenta ve skupině, od první lekce...

Takové podmínky umožní člověku skutečně pocítit integrálnost světa, který je námi egoisty vnímán opačně: neintegrálně, odděleně. Vnímat svět takovým způsobem nám vyhovuje, abychom ho polykali po částech a maximálně ho využili pro sebe.

Takže, když bude člověk integrálně spojen s určitým kritickým množstvím lidí, kteří usilují o dosažení stejného cíle, dospěje k pocitu věčnosti a dokonalosti. To znamená, že naše úsilí musíme soustředit právě na to.

Je nutné studovat fysiologii člověka. Na tomto příkladu můžeme ukázat, že je celek něco většího než jen prostý součet jednotlivých částí a určité jevy a objekty mají smysl pouze jako součást společného.

Stejně tak si člověk musí určit své místo v organismu společnosti: z jedné strany nikdo neomezuje tvoji individualitu; z druhé strany máš povinnost se správně konfrontovat s celou společností. Tehdy bude společnost vypadat jako jeden organismus, zdravý kolektiv, který se dokáže spojit s přírodou.

Před založením nějakého sdružení musíme tudíž vědět, jestli se může stát organickou součástí přírody, nebo ne. „Od člověka ke skupině, od skupiny ke společnosti, od společnosti k přírodě" – toto jsou etapy našeho rozvoje, které musíme stále brát v úvahu.

Naše kurzy musí takové vyučování plánovat. Ve své podstatě to není po psychologické stránce nic složitého s ohledem na to, že jsou naši studenti částí té společnosti, ve které je již založena snaha dosáhnout integrace, sblížení a pochopení toho, že všechno ostatní je pomíjející.

Kapitola 5

Čím začíná výchova

*Člověka vytváří příroda, ale rozvíjí
a vychovává ho společnost.*

V. V. Belinský

Dnešní svět a svět budoucí, integrální – jsou protikladné. Je to skutečně tak, a proto je těžké někomu zazlívat nebo nesouhlasit s názorem, že nabízíme něco nepraktického a příliš odpojeného od reality. Pro vyřešení tohoto problému si musíme vyjasnit, kdy a jak vznikají defekty v moderní společnosti.

Začneme porodem. Jde o to, že prostřednictvím přirozeného porodu dostává dítě obrovské množství hormonů, které působí na pozitivní vnímání včetně vzájemné lásky mezi matkou a dítětem. Proto, pokud se žena rozhoduje pro císařský řez bez odůvodněného lékařského nálezu (což je v naší době velmi populární), je již předem odpojena od dítěte.

Další je kojení. Je nepochybné, že pokud se dítě kojí do dvou let, jak je to v podstatě dané člověku přírodou, pak dostává všechny nezbytné stopové prvky. Mnohé nemoci jsou výsledkem toho, že matka vůbec není připravena dítě kojit, nebo kojení po krátké době ukončí.

V mateřském mléce dítě dostává nejen protilátky, ale také informace od matky. Když žena ještě v době těhotenství říká: „Nebudu kojit," odsuzuje tím dítě k duchovní omezenosti. Mentálně může být takové dítě rozvíjené – naučit se dá čemukoliv. Ale duchovní omezenost je nenahraditelná.

Dále dětem škodíme tím, že je v šest ráno vzbudíme a táhneme do školky...

Matka nemusí běžet do práce – má být s dětmi, spravovat domácnost; živit rodinu je povinen otec. Pak to bude normální rodina.

No, a pak škola... Všechny defekty současné společnosti jsou v ní zkoncentrovány. Ale na vzdělávání se vydávají obrovské finanční prostředky. Ti, co pracují v tomto oboru, se jen tak peněz nevzdávají a změnit se nedokážou. Je to velmi velký problém...

Pokud je cílem naší integrální výchovy maximální sbližování s přírodou, musí se všechno stát organickými prvky tohoto procesu – rodina, školka, škola...

Otázky mravnosti

*Ve vnějším životě
není možné lidi osvobodit více,
než jsou osvobozeni uvnitř.*

A. Gercen

Samotná výchova dospělého člověka – co více: jeho převýchova – je velmi složitý proces. Proto musí být do programu integrálního vzdělávání bezpodmínečně zařazen kurz „Výchova dětí". Právě péčí o vytvoření naprosto jiné společnosti pro naše děti, prací na výchově nové generace, se zároveň budeme zabývat vlastní převýchovou.

Na tomto kurzu naši studenti – dospělí lidé, popřípadě rodiče nebo dědečkové a babičky – určitě budou pokládat otázky, které se budou týkat mravnosti. Pro přípravu odpovědí je nutné brát v potaz, že etika, jak ji známe, blokuje rozvoj člověka.

Jde o to, že etika předpokládá obrovské množství všelijakých podmínek, které člověk musí absorbovat a vytvořit z nich vlastní, prakticky mu vnucené, vnitřní „já". Toto „já" představuje omezenou osobnost, která správně (jakoby správně) vzájemně působí s okolními lidmi.

My jsme absolutně proti tomu. V takovém stavu člověk nemůže být dlouho, a pokud to zvládne, dělá to z něj „nečlověka" – bezcitného, nesrdečného tvora.

Eticky vychovaný člověk může říci: „Ano, v takovém případě je nutné člověka usmrtit." A klidně ho zabije, protože oběť (pro něho to není oběť, ale jenom objekt) neodpovídá těm pravidlům, která mu byla vštípena a která přijal uvnitř sebe. Prakticky se tudíž jedná o fašismus, nacismus, o všemožné formy radikálního extremizmu atd.

My naopak tvrdíme, že etická pravidla – ano – musí být, ale musí se stále rozvíjet, být pružná, přizpůsobivá tak, aby v nich neexistovaly tzv. „posvátné krávy". Člověk si musí jasně uvědomovat, jestli je jakákoliv jeho etická norma nezbytná: je-li v souladu s přírodou, je-li pro moderní společnost přijatelná. V každém činu musí být společná prosperita nad osobní a všechno má sloužit pro postup společnosti ke stále větší integraci, protože to vyžaduje příroda.

Musí zloděj sedět?

Ospravedlňujte, netrestejte, ale zlo nazvěte zlem.

F. Dostojevský

Znázorníme námi deklamovaný postoj k etickým normám na příkladu, se kterým se často setkáváme.

Dejme tomu, že jeden ze členů skupiny integrální výchovy něco ukradl. V každém z nás – buďme upřímní – taková pohnutka existuje.

Jaký je náš postup? Uspořádáme soud. Ale nad kým? Zkusíme to vyjasnit...

Takže si nejdříve musíme vyjasnit výchozí stav: „Co je to ‚krádež'? Odkud se v nás tato vlastnost bere? Je moje, nebo cizí? Je užitečná, nebo škodlivá?"

Pak – bez zřetele na člověka – projednáváme konkrétní přestupek. V tomto procesu je každý z účastníků povinen se zařadit na místo obžalovaného: pocítit, co spáchal, obhájit se, obvinit se atd.

Zkuste si představit, jak hlubokou analýzu svého stavu jsme schopni uskutečnit.

Přítel je s námi v jedné skupině, integrálně je s námi spojený. „Jak jsme mohli připustit, že udělal něco takového?" – to znamená, že je vinna společnost. Vždyť je člověk odrazem prostředí, ve kterém se nachází. Možná, že je úplně nevinný. Problém je v nás. Každý musí pocítit, že má uvnitř sebe zlodějíčka.

Tudíž musíme prakticky přijít na to, že individuální přestupek neexistuje – všechno je pouze důsledek působení prostředí a společnosti. Odsouzeni proto musí být všichni.

Pokud jsme skupina nebo společnost, ve které se všichni snaží dosáhnout integrální jednoty, potom je absolutně nepřijatelné rozdělovat členy na lepší nebo horší; všichni jsme lepší nebo horší. Jestliže jsme taková společnost, je zakázáno individuální hodnocení, protože se tím hodnotí samotná společnost, a nikoliv jednotlivec.

Ale stejně: co je nutné udělat s odcizenou věcí? Rozhodnutí musí být společné. Pokud je třeba zaplatit a my jsme dospěli k závěru, že jsme všichni odpovědní, pak platíme všichni společně.

Ideje o přechodu k integrálnímu společenství jsou vědecky podložené a zakládají se na bezprostředních požadavcích přírody. Nezbytnost takového přechodu – historickou, společenskou, osobní – jsme povinni oznámit celému lidstvu. V opačném případě nás společnost zasype výčitkami z důvodu nepochopení našich činů.

Škodlivé zvyky

*Dokud jsme nepoznali,
co je uvnitř nás,
jaký je užitek z vědění,
co je vně nás?
Je-li možné pochopit svět
bez pochopení sebe?
Může-li ten, kdo je slepý doma,
vidět na návštěvě?*

L. Tolstoj

Takže není vyloučeno, že dnes vnímáme jako bezvýznamné, nebo dokonce jako škodlivé nejvíce důležité faktory, které jsou rozhodující pro naši budoucnost. Příčina tkví v tom, že pokud například člověk získá nějaký škodlivý zvyk (dejme tomu kouření), tak se ho obvykle nemůže snadno zbavit a buď si s ním poradí přes silný zážitek, nebo ho přivede k sebezničení... Touto cestou ve své podstatě probíhá rozvoj lidstva.

Jak můžeme sejít z této cesty? Jaké prostředky můžeme nabídnout proto, aby proces sebezničení nedosáhl svého logického konce?

Jedním z těchto prostředků je taková vlastnost člověka, jako je společné prožívání.

Pokud ukážeme začínajícímu narkomanovi, jak končí v nemocnicích život lidí, kteří se nedokázali osvobodit od svých škodlivých zvyků, tak se určitě zamyslí. Pokud nenáročnému kuřáku ukážeme snímek jeho plic nebo ho seznámíme s pacienty, kteří trpí rakovinou, je možné očekávat, že z rodinného rozpočtu zmizí jedna položka.

A pokud je umístíme do prostředí, které neskrývá svůj negativní postoj k narkomanům a kuřákům, s určitostí by je to donutilo k uvědomění si svého zlozvyku.

Dobře víme, že když se člověk ocitne v nějakém kolektivu a chce se stát jeho plnoprávným členem, chtě nechtě musí následovat všeobecně uznávané mínění. Nemůže si dovolit se od druhých odlišovat ani z kladného, ani ze záporného hlediska – na tom nezáleží. Taková je naše přirozenost.

Proto, pokud vytvoříme nějaký společenský standart, budou se tomu povinni podřídit všichni lidé.

Vyřešení tohoto úkolu závisí na tom, nakolik efektivně dokážeme použít hromadné sdělovací prostředky. Dnes slouží reklamě: „Kupujte! Kupujte! Kupujte! Kupujte na úvěr!" A úvěry se hrnou zprava i zleva a nikdo, ani prodávající, ani kupující, dokonce ani stát příliš nepřemýšlí nad tím, že to za ně někdo bude muset splácet i v tom nejhorším období...

Odstranit tento nestoudný kruh pomůže krize, která nás donutí zastavit bezedné rozhazování pozemských a lidských zdrojů.

Stát – egoistická struktura

Vše přejde –
a zrnko naděje nevzejde,
všechno, co jsi nahromadil,
bude ztraceno.
Pokud se včas nerozdělíš s přítelem,
celé tvé jmění připadne nepříteli.

Omar Chajjam

V čem spočívá podstata procesu, který v jeho vnějším projevu nazýváme krize?

Můžeme v tom projevu vidět snahu všemožných egoistických sil ke spojení do jediné altruistické síly i to, jak se v důsledku toho transformuje naše dnešní rozdělená společnost, která se stává podobnou přírodě – integrální společností. A proto je „krize" ve skutečnosti východ lidstva z těžké dlouhotrvající nemoci a návrat do života.

Takový pohled člověku poskytuje možnost přes sebe propouštět obrovský rozsah informací, kterými bude zaplňovat „bílé skvrny" na otevírajícím se vzhledu globálního světa.

Proto, čím více bude člověk dostávat informací, tím více pro něho budou žádanější a tím snadněji je dokáže vnímat.

Jak se z tohoto pohledu dá ocenit např. informace o volbách? Vůbec nezáleží na tom, o jaký stát světa se jedná – všude je to stejné.

Na základě této informace je možné učinit závěr, že je společnost rozdělena, že občané vidí v demokracii, nebo v jejím nedostatku (což je ve své podstatě totéž) nesprávný systém. Pokud nemůžeme dospět k jednotnému pochopení toho, kde se nacházíme a kam musíme směřovat, potom to vypovídá o dané společnosti jako o konglomerátu stran nebo mafiánských spolků (není v tom rozdíl), které se nechtěně nachází na stejném území. Nejsou spojeny stejným cílem a každý má svoji pravdu.

Jediné, co je „spojuje", je přání (samozřejmě na cizí účet) zvětšit svůj vliv, utrhnout větší kus ze společného koláče...

Musíme posluchačům našich kurzů (a nejen jim) vysvětlit, že současné státní zřízení je absolutně egoistická struktura a to, čemu se říká politická svoboda, je neomezené osvobození parlamentů a vlád od odpovědnosti za své činy...

Ve studiu struktury integrální společnosti a v předávání těchto znalostí lidem musíme předběhnout přírodu. Jinak se můžeme dostat pod její mohutný lis.

Nesmíme zapomínat na dinosaury...

Kapitola 6

Agent mění legendu

*Pouze tehdy člověk chápe
svůj život,
když v každém člověku vidí sebe.*

L. Tolstoj

Tuto besedu začínáme vyjasněním na první pohled jednoduché otázky: „V čem spočívá kontakt mezi lidmi?"
Říká se, že není rodina, když nejsou děti. Je pravda, že se dnes manželství zakládá na fyziologické spokojenosti partnerů, manželům je navzájem pohodlně... Dokud je to tak, je všechno v pořádku, ale co když to přejde?
Dítě je něco společného, udržuje vzájemné spojení mezi nimi.
Stejně tomu je i v kontaktu mezi lidmi. Pokud se sféry jejich společenských, kulturních, citových zájmů nejen dotýkají, ale jsou vzájemně propojeny, potom je takový kontakt reálný a stabilní.
Dnes ale z důvodů extrémně narůstajícího sobectví nejsou zájmy mého „protějšku" mými zájmy. Není pro mne osobností se svými potřebami, s vlastním vnitřním světem – stejně jako já pro něho. Náš kontakt je v tom nejlepším případě spolupráce založená na vzájemném užitku.
A vůbec: nač potřebujeme osobní kontakt? Vždyť to je spojeno s osobním prožíváním, duševním nepohodlím. Možná je lepší virtuální kontakt: přes obrazovku monitoru se mohu ukázat v jakémkoliv profilu, a pokud mne to omrzí, nebo se mi něco nebude líbit, tak se jednoduše odhlásím stisknutím odpovídající klávesy...
Tímto způsobem dnes prožíváme absolutní vzdálení jednoho od druhého. Egoismus nás v tom podporuje, vyhovuje mu to, je spokojen.

Z toho vyplývá, že naším hlavním úkolem pro vytvoření integrální společnosti je vyjasnění toho, co spojuje celé lidstvo. Pak nebudeme žít jako různí agenti podle detailně vytvořené „legendy", ale každý z nás se bude naopak snažit postavit své vnitřní „já" nad vnější obraz. Tudíž musíme povznést svůj pocitový svět nad „živočišný" stav – ten, kterým nás obdařila příroda.

Musíme ukázat celému lidstvu, že v jednotě mezi sebou – všichni společně – budujeme naprosto nový stav lidstva. Tento nový stav se nezakládá na osobnosti každého, ale právě na tom, co vzniká nad námi a jakoby mimo nás.

Nebude-li lidstvo používat egoismus jako překážku, ale jako stimul pro růst, přejde z instinktivní etapy svého rozvoje na novou vědomou úroveň.

Centrum potěšení

*Nemůžete odložit starost
o veliké a věčné na dobu,
kdy bude všemi dosažena možnost
uspokojit své základní potřeby.
To už bude pozdě.
Dáme materiální blaho
do rukou lidí,
jejichž ideálem bude „chléb a hry".*

V. Vernadský

Zkusíme se odpoutat z našeho reálného života a představit si společnost budoucnosti. Jak může vypadat, vezmeme-li v úvahu naše nejvznešenější podněty?

Nepochybně je to sjednocení, a nikoli konkurence, žádný vzájemný nátlak a nařizování, ale dobrovolná a vědomá vzájemná pomoc. Na základě dodržování takových principů bychom rozhodně dosáhly absolutně komfortního stavu.

Je samozřejmé, že vznikají otázky: „Je vůbec možné na základě našich vlastností vybudovat takovou společnost? Proč jsme stvořeni přírodou jako diametrálně protikladní jejím vlastnostem, zatímco ona se nachází v dokonalé harmonii a vzájemné součinnosti?"

Všichni – sociologové, politologové a psychologové – si zlo uvědomují, vysvětlují jej jako realitu, se kterou se nedá nic dělat, a snaží se ničivý vliv egoismu nějakým způsobem kompenzovat. Naším úkolem je egoismus nekompenzovat, ale udělat z něj účinného pomocníka pro budování nové společnosti. Proto je nutné poznat přirozenost egoismu.

Vysvětlíme to na příkladu matky a dítěte.

Všichni si přejeme naplnění z potěšení, ale prostřednictvím druhého. Těší se matka z dítěte? Samozřejmě. Nemůže se s ním rozloučit ani na vteřinu. Není to však starost o něho. Je to její péče o sebe samu a ona nemá možnost se od toho odpoutat.

Pokud bychom v ní odpojily spojení se zdrojem potěšení, v ten samý okamžik by přeorientovala svůj zájem na něco jiného a její vlastní dítě, které pohlcovalo veškerou její pozornost, by se ocitlo mimo sféru jejího zájmu – konec konců je kolem spousta dětí…

Na tomto jednoduchém příkladu vidíme, jaké obrovské potěšení získává egoismus člověka, když pečuje o druhého a dává mu vše…

Proč bychom se nemohli s pocitem nekonečného potěšení postarat jeden o druhého? Kvůli tomu přece existujeme. Pocit života je pocit potěšení.

Ale… nedaří se to. Proč? Chybí vzájemná láska – jakou má matka k dítěti.

Takže problém je v nás. Tento problém je psychologický: změnit vztah k lidem kolem sebe. Psychologickým cvičením je možné to vyřešit.

Celosvětové hry

*Vyšší života drahocennost –
duch nehasnoucích pochybností,
nicotnému je blíže nicotnost,
Bohu – stálost změn.*

I. Guberman

Člověk je produkt prostředí, které ho obklopuje – o tom jsme už hovořili vícekrát.

Pokud bychom se trvale nacházeli ve společnosti, která podporuje a rozvíjí vzájemnou lásku, potom je samozřejmostí, že zároveň s růstem egoismu (je to zadané přírodou a nevyhnutelné) bychom začali rozumět tomu, že cílem lidstva je v podstatě „Miluj bližního svého jako sebe samého".

To znamená, že jako děti ve své hře napodobují svět dospělých, musíme si i my dospělí navzdory vlastnímu egoismu hrát na nadcházející svět.

Nesmím přitom zapomenout na to, že sám sobě lžu. Lžu, protože pravdou je, že moje egoistické nitro mě neustále nutí úplně všechno urvat jen pro sebe. Ale já se musím stát jiným, protože se jinak nepozvednu na další úroveň – úroveň integrálního člověka. Pozvednout se mohu jedině pomocí okolního prostředí, které musím sám vytvořit.

V takovém případě musím přesně odpovědět na následující otázky: „Co vlastně představuje tento nový druh lidstva? Jaké potřebuji prostředí, abych se změnil správným směrem? Jak mám takové prostředí vytvořit?" Odpověďmi na tyto otázky si vyjasním, jaké síly od přírody potřebuji a jak je mám použít. Začnu tak chápat podstatu evolučního procesu a svoji roli v něm, takže se stanu tvůrcem svého nového „já".

Na základě toho je jasné, jak kolosální práce je před námi. Potřebujeme účast obrovského množství lidí, kteří na sobě musí propracovat všechny tyto procesy – nastudovat je, diskutovat o nich a zároveň se je snažit realizovat.

Musí se toho účastnit opravdu absolutně všechno lidstvo – od malých k velkým. Je nutné, aby tomu každý člověk věnoval maximálně možný čas.

V podstatě kvůli tomu lidstvo uvolňuje své obrovské egoistické reservy, které dříve používalo pro vytvoření toho, co není nezbytné. Všichni se postupně zapojí do budování nové integrální společnosti. Pouze postupem tímto směrem od sebe odvrátíme hrozbu úplného zničení.

Má cenu pospíchat

*Všude neustále sledujte,
co je veliké a překrásné.*

M. Lomonosov

Když mluvíme o odmítnutí přemíry různého druhu, nemáme tím na mysli „odmítnutí" v běžném slova smyslu. Míníme tím to, že člověk nebude potřebovat takovou spotřebu jako dnes. Dospělého člověka nezajímají dětské hračky jen proto, že je dospělý. Poslední model automobilu, oblečení od módního návrháře, večeře v luxusní restauraci – toto všechno za chvíli přestane být prestižní, zapomene se na to. Člověk se bude měnit a v té míře bude potřebovat naprosto jiná naplnění.

Nemáme možnost z této cesty sejít – příroda nás k ní zavazuje.

Aby se pro nás obyčejné lidi takové hledisko stalo více přijatelné a pochopitelné, je třeba zapojit vědce. Využitím moderních vědeckých koncepcí můžeme lépe pochopit, že pohánějící síla přírody je zákon, který se každým dnem projevuje více očividně, a jeho realizace se urychluje.

Proto se nám nevyplatí se zdržovat takovými myšlenkami jako: „Kam pospíchat... Počkáme, uvidíme..." Ne! Nebudeme schopni existovat v obvyklém stavu již v průběhu několika let (pokud ne v obvyklém, tak v nesnesitelném), jestliže se nebudeme snažit plnit požadavky tohoto zákona.

Na druhé straně, jakmile nasměrujeme vektor našeho rozvoje na budování integrální společnosti budoucnosti, ihned pocítíme laskavý postoj přírody na všech úrovních – vědci nám to potvrdí. Týká se to

také podnebí (optimální podmínky), přírodních katastrof (jejich nepřítomnost), problémů v rodinách (řeší se rychle ke vzájemné spokojenosti), ekonomiky (bezedná spotřeba se promění na rozumnou) a mnoho dalšího...
Musíme se opřít o vědecké poznatky a investovat právě do této oblasti výzkumu. Bohužel se to dnes nedělá, a proto nemáme dostatečné údaje, se kterými bychom mohli operovat.
I přesto jsou doslova ve všech oborech mezi vědci ti (a není jich málo), kteří naši ideu podporují a chápou, že budoucnost spočívá v absolutní integraci.

Ideální manželé

*Každý ví, že pokud muž i žena
žijí v souladu a šťastně,
pak jejich vzájemná náklonnost
zesiluje každým rokem
a nakonec dosahuje
takového rozvoje,
že doslova
„nemohou žít jeden bez druhého".*

N. Černyševský

Integrální společnost – to jsou také vlídné vztahy mezi námi. Takové vztahy na jedné straně předpokládají vzájemnou vstřícnost, a na druhé nevnucování své společnosti druhému. Mám okruh bližších lidí, pak méně blízkých a někteří lidé jsou mi vzdáleni. Úroveň udržovaných styků se nachází v souladu s obecným spojením mezi námi všemi. Proto jsou v integrální společnosti všechny kontakty přirozené, vědomé a nevnímáme je jako nepříjemnou povinnost.

Jako příklad rozebereme vzájemný vztah jak v rodině, tak i s příbuznými manželů.

Začneme příbuznými.

Za prvé, pokud bych nebyl ženatý, je velká pravděpodobnost, že bych dříve neznal rodiče a příbuzné svojí partnerky. V důsledku toho musí úroveň a charakter našich poměrů stanovit partnerka, a nikoliv sympatie nebo antipatie, která ve mně samozřejmě vznikne... V každém případě musím ze své strany projevovat maximální toleranci a náklonnost.

Co se týče rodiny, jde především o projednávání všech životních představ o předmětu ideálního manželství se svojí budoucí manželkou před sňatkem.

Pokud jí například sdělím, jak vypadám podle svého názoru, a vyslechnu její absolutně upřímné mínění o sobě, když si vyjasníme názory, zvyky a pohnutky druhého s pochopením, že je nám toto všechno dáno přírodou, pak se s tím dokážeme vyrovnat a pozvednout se nade všemi situacemi k naprosto nové úrovni vzájemných vztahů. Když porozumíme své egoistické přirozenosti, vyhneme se marnému dokazování vlastní pravdy, ale budeme se snažit vytvořit něco společného, co je pro nás oba nezbytné a komfortní.

Vzájemné ústupky a pochopení toho, že jsou věci, které se na partnerovi nedají změnit. Konec konců to není nutné – je třeba přijmout slabou stránku druhého jako něco daného a začít to milovat. K tomu všemu, bohužel, docházíme s věkem, tudíž cestou utrpení, která trvá desítky let (pokud se manželé nerozvedou).

Nezbytnost přípravy lidí na společný rodinný život je tudíž zřejmá.

Tvořit nebo...

*Výchova, která je zaměřená
na štěstí člověka,
musí ho vychovávat
nikoliv pro štěstí,
ale připravit ho k životnímu dílu.*

K. Ušinský

Ačkoliv postup zapojení člověka do integrálního společenství vyžaduje absolutní anulování sebe sama, zároveň však také předpokládá absolutní růst člověka jako osobnosti.
Nepochopení této dvojí jednoty přivedlo ke krachu komunistický model společnosti, kterou zkoušely vybudovat v Sovětském svazu. Namísto toho, aby vytvořily systém výchovy, který by formoval osobnosti s vlastním postojem, schopné realizovat svůj potenciál, pečlivě tam vychovávali lidi, kteří poslušně plnili vůli strany. Na stejných principech byla vychovávána i samotná strana...
Snažili se egoismus potlačit proti přírodě, zničit ho a uměle nasadit altruismus, sebeobětování.
My naopak hovoříme o nezbytnosti naučit člověka správně používat všechny své egoistické vlastnosti a všechny duševní pohnutky. V Sovětském svazu to byla pouze žádoucí idea, kdežto v dnešní době, ve stavu, ve kterém se ocitl celý svět, je to přirozená nezbytnost.
Svět stojí před dilematem: buď absolutní zkáza, nebo všenárodní rozsáhlá budovatelská práce na nové úrovni. Budovatelská práce znamená, že přes všechny rozepře a neshody musíme vytvořit podmínky pro život každého z nás, našich rodin a na základě toho vybudovat stejné podmínky pro život celého lidstva.
Je to absolutně reálné; není kvůli tomu zapotřebí předělávat okolní svět – je to běžná výchovná práce. Milióny utracené za propagaci a agitaci žádoucího cíle povedou k žalostným výsledkům, pokud nebudou doprovázeny výchovou lidí.
Příkladem toho je Evropská unie. Otevřeli hranice, zrušili domácí měny, vytvořili nadnárodní parlament – a ve výsledku...
Nyní se ukazuje, že žádné spojení ani nenastalo, ale naopak se projevuje stále víc a více rozporů.

Proč? Protože zapomněli na to, že každý stát má jinou kulturu, tradice a ekonomický systém a za dvacet let existence se nikdo ani nepokoušel zabývat výchovou lidí pro život v integrální společnosti.

Výchova musí být přípravným bodem pro absolutně všechna společenská opatření prováděná na jakékoli úrovni.

Kapitola 7

Zase já?!

*Mnozí se těší pohledem na přírodu,
ale málokdo ji vnímá srdcem,
a dokonce i těm, kdo srdcem cítí,
se s přírodou často
nepodaří spojit tak,
aby v ní pocítili svoji vlastní duši.*

M. Prišvin

Ve světě není zlo. Vůbec neexistuje. Zlo je výsledkem toho, jak nakládáme s naší přirozeností – egoismem.

Pokud začínám zkoumat vlastní egoismus, pak v něm odkrývám vlastnosti, s jejichž pomocí mám možnost ho správně ovládat, a v tu chvíli se přede mnou objeví jako absolutní dobro. V žádném případě se nesnažím egoismus zničit – rozvíjí se ve mně stále víc a více a všechny nuance jeho rozvoje, které se ve mně projevují, musím přivítat s radostí.

Dnes to člověk přijímá s trpkostí jako potupu: „Zase já! Co jsem to udělal?! Co to ve mně je?..."

Ale to nejsem já. Je to příroda, která se ve mně takovým způsobem projevuje – obrovská egoistická podstata.

To hlavní jsou moje záměry, a nikoliv činy. Pokud se něčím prostě potěším, to ještě není egoismus. Ale pokud se těším na úkor jiných, činím jim škodu, nezáleží na tom, komu nebo čemu, potom se tomu říká egoismus.

Ale vždyť nejsme sami, nežijeme ve vakuu – obklopuje nás prostředí. Tím spíše na to neustále musím myslet. Výchova postupně mění můj vztah ke světu, k celému vesmíru na laskavý a citlivý. Na základě podobného vztahu začíná člověk vidět, že má příroda vyšší rozum a cit.

O tomto mimochodem hovoří mnozí lidé, kteří žili dlouhodobě v těsném kontaktu s přírodou, například v poušti, v tundře nebo v džungli... Cítí právě takovou přírodu, její dech. Příroda se rozkrývá v člověku, obnaží se a začíná komunikovat. Dostaví se ohromující pocit, že se nacházíš uvnitř obrovského rozumného systému a že jsi s ním solidární. Vzniká takové spojení člověka s přírodou, které ho pozvedává na další úroveň rozvoje.

Naším cílem je pochopit úmysl přírody, vystoupat na její další úroveň – na úroveň řízení našeho současného stavu. Lidstvo se rozvíjelo právě pro dosažení tohoto cíle.

Všechno je jed a všechno je lék

> *Nechci takovou společnost,*
> *kde bych nemohl páchat zlo,*
> *ale právě takovou,*
> *kde bych mohl páchat všelijaké zlo,*
> *ale sám ze své vůle*
> *bych ho páchat nechtěl.*
>
> F. Dostojevský

Ale jak se mám povznést nad vlastním egoismem, jak mám uvnitř něho rozpoznat potřebné vlastnosti?

Egoismus je síla přírody; přesně řečeno jedna z jejích sil. A pro správnou práci s touto silou potřebuji opačnou, jí protikladnou sílu. Tato síla je vliv společnosti. Maximální účastí ve společnosti, spojením s ní dostávám možnost obě tyto síly používat bez toho, abych dával přednost jedné, nebo druhé.

Dnes se ztotožňuji s vlastním egoismem – existuji v něm nepřetržitě. Když z něho vystupuji, začínám se na sebe, na své okolí a na všechno kolem dívat objektivně. Každého člověka odděluji od jeho vnitřní egoistické podstaty, a takovým způsobem chtě nechtě začínám vidět potenciál lidí, jestliže obě síly používám správně.

Jinými slovy, s pomocí působení společnosti musím proměnit všechny egoistické vlastnosti v protikladné, altruistické – jakoby obléknout egoismus do altruistické košile. Před tím jste instinktivně používali egoismus pro vlastní prospěch a nyní ho stejným způsobem používáte pro blaho ostatních.

Příroda nám názorně předvádí, že všechno, co by se nám mohlo zdát absolutně záporné, má své kladné uplatnění.

Symbol medicíny – jedovatý had. Známý lékař a filosof období renesance Paracelsus říkal: „Všechno je jed a všechno je lék. Pouze dávka dělá látku buď jedem, nebo lékem." Takže všechno záleží pouze na nás.

Zkuste takovým stavem proniknout. Alespoň to jenom vyzkoušejte. Není možné to přijmout jednoduše. Samozřejmě, že kdybychom do toho zapojili hromadné sdělovací prostředky, pokud by byla propagace součástí divadelních představení, filmového průmyslu, určitě bychom docela rychle spatřili naprosto jiný obraz chování člověka.

Takže jako první věc potřebujeme vychovat jednotlivce a na jejich základě vytvořit integrální společnost. Následně bude sama společnost v jednotlivcích rozvíjet vlastnosti (na základě jejich přání), které jsou pro tuto společnost nezbytné.

Pohádkové království

Skutečný smysl vůbec není v tom,
aby byl potlačován egoismus
a chváleno bratrství,
ale v harmonickém,
svobodném spojení
dvou neoddělitelných zdrojů
lidského života.

A. Gercen

Vícekrát jsme hovořili o tom, že obzvlášť vlivným nástrojem výchovy je společenské přesvědčení, proto ho v našich skupinách musíme používat maximálně efektivně.

Při praktickém procvičování v debatách a besedách musíme projednávat případy lidského chování a interakce z hlediska jejich souladu (nebo nesouladu) s principy integrální společnosti. Je nutné provádět analýzu motivací různých skutků, zjišťovat, zda jsou tyto pohnutky přirozené, nebo získané v procesu výchovy od okolní společnosti a „zvyk se stal druhou přirozeností".

Toto vše nám pomůže posluchačům vysvětlit, proč se právě nyní musíme zabývat vlastní převýchovou a proč je nutné, abychom věnovali zvláštní pozornost našim dětem.

Vždyť pokud budou děti vyrůstat v prostředí „nepřevychovaných dospělých", vystřídá se několik pokolení, než budou schopni vybudovat novou společnost. Právě kvůli nim se dnes musíme změnit. Faktor vzájemné součinnosti rodičů a dětí, lásky k dětem a přání jim poskytnout nový, dobrý svět je velmi silný faktor působení na dospělé. Musí nás to stimulovat k tomu, abychom pouze nezobrazovali „organizátory světlé budoucnosti", ale skutečně budovali tuto budoucnost – integrální společnost, ve které budou žít naše děti komfortně.

Taková společnost není žádná utopie, není to dobré pohádkové království. Nejsme idealisté, a proto chápeme, že se nacházíme tady, v našem světě, v procesu nutného rozvoje, který směřuje k naprosto určitému cíli. Náš rozvoj je neustálý růst egoismu. Ani si neuvědomujeme, jak obrovský potenciál vzájemné nenávisti v nás doopravdy je, nakolik jsme si navzájem protikladní. Každý z nás ve skutečnosti chce všechny zničit, zůstat naprosto sám, nebo z ostatních učinit otroky své vlastní vůle. Nejsme sto egoismus zapečetit jako džina v lahvi. Zvítězit nad egoismem není v žádném případě možné.

Naše metodika potřebuje právě egoisty. Pomocí stejného egoismu budeme pěstovat altruismus. Takže našemu egoismu – naší přirozenosti, našim schopnostem, vrozeným vlohám – poskytneme možnost maximální seberealizace.

Neskutečný svět

Drahý je čas ve správný čas.
Času je hodně a málo.
Dlouhý čas není časem,
pokud minul.

S. Maršak

Takže každý z nás musí dosáhnout vědomé integrální součinnosti s okolní společností, a to použitím vlastních vnitřních zdrojů a také zdrojů okolní společnosti. Vnitřní zdroje? Zkusíme to zobecnit: naše vlastnosti jsou nám dány přírodou, přání se formují na základě vlivu okolní společnosti, myšlenky jsou určeny pro realizaci přání. V podstatě jsme uspořádáni tímto způsobem.

Nyní, když před sebou vidíme takový obraz, můžeme mít na sebe nezaujatý pohled jako na zcela cizí objekt. Z toho vyplývá, že pro dosažení grandiosního cíle, který je před námi, můžeme objektivně použít ty schopnosti, které máme v daném okamžiku.

Naším cílem (nezbytným, připomínáme si ještě jednou) je stát se organickým prvkem společnosti, která nás obklopuje. Samotná společnost bude svým souhlasem, nebo odmítnutím neustále korigovat správnost našeho postupu k tomuto cíli. V tomto případě se na sebe začínáme dívat z pohledu společnosti, pracovat žádoucím směrem, ale naprosto nezávisle na tom, co přitom cítí naše egoistická přirozenost.

My si ani vzdáleně nedovedeme představit stav, ke kterému kráčíme...

Stovky tisíc let předešlého rozvoje lidstva nás dnes přivedly k této dnešní etapě. Můžeme ji zrealizovat během jednoho pokolení. Egoismus kvalitativně vzrostl a v souladu s tím se zvětšila rychlost jeho změn, v důsledku čehož se obrovskou rychlostí mění náš svět.

Není možné člověka do tohoto neskutečného světa jen tak „hodit". Naším úkolem je člověka naučit nepřetržitě nad sebou pracovat a odhalovat v sobě samém nové egoistické myšlenky, přání a vlastnosti, které ho stále staví do nových přesně určených situací ve vztahu k okolnímu prostředí.

Máme jedinou pozitivní vlastnost – že se necháme ovlivňovat okolním prostředím. V každé nové situaci nám okolní prostředí stanoví prioritu těch nebo jiných vlastností, které určují způsob našeho chování atd.

Nemáme možnost neposlechnout: egoismus nás v každém případě donutí se vrátit na „cestu pravdy".

Musíme si vytvořit takové prostředí, aby každý člověk, který se v něm ocitne, neměl žádný problém se změnit ve správném směru.

Tvoje neznamená moje

*Není nic více zlého než snaha
za každou cenu konat blaho.*

N. Berďajev

Objasnili jsme, že společnost je prostředkem pro nápravu a že v nás je ukotven mechanismus, který nám umožňuje pod vlivem společnosti přijmout její cíle. Cílem naší společnosti (pouze tím se liší od všech ostatních) je vytvoření prostředí, které usiluje o integrální svět, o spojení do systému, v němž odhalíme tuto novou realitu. Tato realita je přírodou nastavená další etapa naší evoluce.

Lidé, kteří se sešli při studiu tohoto systému, se ho zároveň snaží realizovat. Tím probouzejí skryté síly přírody, které se šíří z jejího cíle, ke kterému také směřují. Cíl jakoby na ně promítá svoji sílu, svoji dokonalost – zásluhou toho žijí a díky tomu jsou schopni vykonat obrovskou práci.

Odkud se dozvím, jaký je to cíl a kde se nachází?

Pouze když se nacházím uvnitř tohoto malého spolku, mám možnost být maximálně přesně nasměrován na cíl, „maximálně integrálně" jednat se svým okolím po dobrém. Pouze ve společnosti stejně smýšlejících lidí mohu a jsem povinen zkoumat následky všech svých myšlenek – myšlenek, ale nikoliv činů. Myšlenka je v tomto případě činem.

Na další integrální úrovni existence hrají myšlenky a přání stejnou roli jako na dnešní živočišné úrovni naše činy. A proto se musíme naučit ovládat a napravovat naše pohnutky. V tomto tkví to nejdůležitější. Činy mohou zůstat stejné, mohou být tvrdé, nebo dokonce hrubé, ale budou nasměrovány na blaho ostatních.

Co to znamená: „na jejich blaho"? Možná, že to vůbec neznamená blaho?...

Je-li pro mne například určitý druh jídla gurmánská specialita, ale když jí nabídnu druhému člověku, může být pro něho moje nabídka odpudivá, nebo dokonce škodlivá.

Integrálnost proto předpokládá, že se budeme schopni vcítit do druhého člověka, do jeho přání a myšlenek. Musím neustále kontrolovat sám sebe, zda je moje nabídka v souladu s přáním bližního, jelikož zde nejsou rozhodující moje chutě a zvyky (jak se nám to často stává), ale právě jeho touhy mám naplňovat pomocí svých.

Kapitola 8

Síla inspirace

*Díla končí svými cíli;
veliké se nazývá to dílo,
které má velký cíl.*

A. Čechov

V předcházejících kapitolách jsme hovořili o tom, že je zákonité a nevyhnutelné představovat si budoucí integrální svět až do nejmenších jeho detailů.
  Perspektiva, která se před námi otevírá, ji přetvoří na cíl, k jehož dosažení budou směřovat všechny naše záměry, všechna naše přání. To z jedné strany.
  Z druhé strany, poněvadž existujeme v jediném silovém poli přírody (jsme v něm navzájem svázáni), když si představujeme náš budoucí stav, jako bychom z tohoto stavu na sebe vyvolávali síly, jež usměrňují náš posun vpřed.
  Je docela možné, že naše představa o budoucnosti naprosto neodpovídá tomu, co ve skutečnosti nastane. Není to nic více než jenom pravděpodobná situace. Vždyť se v procesu posouvání k této budoucnosti měníme a současně se mění i náš názor na ni.
  Kdo v dětství nesnil o tom, že se stane letcem, hasičem nebo řidičem ohromného sklápěcího automobilu? Ale dítě roste, rozvíjí se a postupně se před ním otevírají jiné přijatelné cíle.
  Proto si jako dítě potřebujeme neustále představovat obraz budoucnosti – světlou, krásnou budoucnost, kde není moje osobní trápení, kde každý každému pomáhá. Pokud budou takovou představu propagovat hromadné sdělovací prostředky, v člověku se projeví obrovské síly inspirace – to z jedné strany, a z druhé vznikne přirozené ocenění ze strany společnosti. Zásluhou toho uspíšíme, zkrátíme cestu k dosažení našeho cíle a tato cesta pro nás bude příjemná.

K dosažení cíle tudíž nezbytně potřebujeme společnost, která disponuje vlastnostmi vzájemné zodpovědnosti. Taková společnost vyžaduje plnou odpovědnost všech za každého a každého za všechny, absolutní jistotu všech k sobě navzájem. V důsledku toho zaniká osobnostní pociťování „já" a vzniká souhrnné „my". Toto „my" natolik převažuje, že za účelem vyjádření cíle celku není pro nikoho důležité, v jaké podobě bude tato idea realizována pro každého osobně.

Jestliže se pozvedáváme na takovou úroveň soudržnosti, pak dospějeme k našemu následujícímu stavu – pozvedáváme se na stupeň, který se nazývá „člověkem".

Vzájemná odpovědnost

Když říkáme:
„to bylo", „to bude", „to může být" –
hovoříme o fyzickém životě.
Ale kromě fyzického života,
který byl a bude,
víme, že v sobě máme
ještě druhý život –
život duchovní.
Ale duchovní život nebyl a nebude –
je teď.
Tento život je život skutečný.
A dobře je člověku,
když žije ten duchovní,
a ne fyzický život.

L. Tolstoj

Termín „vzájemná odpovědnost" vyžaduje podrobnější objasnění.

Začneme tím, že všechny úrovně přírody – neživá, rostlinná, živočišná – směřují k homeostázi, spolupracují mezi sebou, aby udržovaly stav rovnováhy.

Vyšší úroveň přírody je nazývaná „člověk". Mimo to, že je podřízen stejným potřebám, musí v sobě generalizovat všechny předcházející úrovně. To znamená, že lidé mezi sebou musí dosáhnout takového stupně spolupráce, takového vzájemného pochopení, takového vzájemného vztahu, aby právě oni mohli určovat harmonii globální přírody. Globální příroda – náš vesmír, jakýkoliv její fragment, včetně nás – to je hologram svého druhu, který nemá začátek, prostředek ani konec a vše je nerozlučně spojeno. Proto je náš konečný stav charakterizován tím, že jsme odpovědní za všechny a tento princip je zakotven do celého lidstva.

Samozřejmě se jedná o fantastický obraz, který je naprosto protikladný k naší současné realitě. Prostě se nevměstná ani do našich přání, ani do našeho rozumu. Jestliže nebudeme klást odpor, lekat se strašidla komunismu, stejně k tomu dospějeme, jelikož je to nejstálejší systém, který naplánovala sama příroda.

Nyní vyvstává otázka:
– Co je z naší strany nezbytně zapotřebí?
Odpověď:
– Výchova.

Právě ta výchova, jejíž podstatu a žádoucí cíl nazýváme integrální součinností nebo vzájemnou odpovědností, když ručíme jeden za druhého, jsme odpovědní jeden za druhého, a právě tímto způsobem vytváříme svoje společenství. Zaniká strach. Zanikají starosti. Jsem si absolutně jistý, že prací pro potřeby společnosti získám pro svou existenci vše potřebné.

Tímto způsobem neutralizujeme každodenní problémy a stres – všechno, co je charakteristické pro naši současnou společnost (pochopitelně budeme k tomuto cíli směřovat postupně), a také zabezpečujeme našemu organismu normální, klidný život. Bez veškerého opovržení to nazýváme živočišnou úrovní existence, jelikož je naše tělo doopravdy živočich.

Člověk odevzdává veškeré síly svého rozumu a celou svou duši pro získání následující úrovně existence. Je to úroveň společné vzájemné zodpovědnosti, jednoty, tudíž úroveň dosažení věčnosti a dokonalosti.

Jak nesejít z cesty

Jsem jako všichni nepřítel konformismu.

(neznámý autor)

Vzájemná odpovědnost tedy předpokládá, aby byl celek roven části, i co se týče síly a vlivu. To znamená, že pokud v integrálním systému nebude dostatek třeba jedné jediné součásti, úplně přestane fungovat. Systém je v činnosti pouze v tom případě, když jsou zapojeny absolutně všechny jeho součásti, které ho tvoří.

Vycházíme-li z toho, nikdo se tomu nemůže vyhnout; není možné se neúčastnit.

Vycházíme-li z toho, odpovědnost není možné rozdělit všem stejně; u každého je přesně taková jako u všech společně.

Na těchto principech je založena naše praktická práce.

Cíl, který je před námi, vyžaduje, abychom získali určité nové kvality. Každý krok na cestě k němu znamená osvojení si některé z nich. Abychom neztratili správný směr, jsme povinni (jako například navigátor na lodi) neustále se pečlivě kontrolovat. Jestliže nám unikne byť i nepatrná odchylka, která se nám na první pohled zdá zanedbatelná, následně může přerůst do ohromného omylu a my mineme cíl, aniž bychom to zpozorovali.

Nemáme odpovídající navigační nástroje. Přirozený nástroj našeho vlivu je obklopující prostředí.

Podřizování se člověka vlivu obklopujícího prostředí není přizpůsobivost v ponižujícím slova smyslu, ve kterém jsme ho zvyklí používat. Je to zákon přírody. Znamená to, že neexistují absolutní pojmy jako například: pravda, lež, dobro, zlo – nýbrž směrnice z prostředí a já se jim podrobuji. To, co je přijato v mém okolním prostředí, přijímám jako pravdu. Vliv prostředí je schopen změnit dokonce i naše vnitřní fyziologické parametry.

Proto nemůžeme čemukoliv dávat jakési charakteristiky. Prostě konstatujeme fakt.

Uplatňování tohoto zákona je něco naprosto jiného. Není možné jen tak, podle našich momentálních představ, měnit či převracet člověka. To je opravdu špatně.

Náš úkol spočívá v tom, abychom se naučili využívat zákony přírody výlučně pro dosažení podobnosti, harmonie a splynutí s ní. Zvenku působíme na člověka výhradně kvůli tomu, abychom ho převedli na tento směr.

Holí ke štěstí

> *... při likvidování válek a hladu*
> *se poprvé objeví projevování*
> *naší planety jako celku,*
> *ve kterém se lidstvo stane*
> *mocnou geologickou silou,*
> *kde se budou moci*
> *geologicky projevit*
> *jeho myšlenky, vědomí, rozum.*
>
> V. Vernadský

Čeká nás obrovská informační kampaň – pracná a komplikovaná práce, protože ji bude nutné uskutečnit se zcela různými lidmi.

Mezi nimi jsou například ti, kteří integrální svět přijímají jako absolutní nevyhnutelnost, kterou nám zadala příroda. Je docela možné, že v tom neshledávají nic přitažlivého, ale chápou: „Proto, aby bylo možné v tomto světě úspěšně fungovat, je zapotřebí se učit." V opačném případě nás takzvaně „budou ke štěstí popohánět holí".

Jsou také lidé (a je jich převážná většina), kteří takzvaně prostě vlečou tíži života. Neumí a neznají nic jiného kromě práce nebo jejího shánění, kromě každodenních starostí a obav. Je jim potřeba objasnit, že je v našich silách postupně převést osobní starosti na ramena společnosti, vezmeme-li na druhé straně na sebe péči o integrálnost společnosti.

Proces integrace neuprosíme – není možné s tím nesouhlasit... Život nás donutí.

Vidíme například, jak ohromné množství Evropanů – běžných občanů, politiků i vědců – přichází k uvědomění, že je velmi složité a navíc nebezpečné přerušit proces integrace a vrátit se k protekcionalismu. Následky takového kroku jsou nepředvídatelné. Masová intenzivní propaganda není proto nezbytná, ale systematická výchova je nutností. Je nutné zdůvodnit, k jakým ekonomickým a etickým rámcům musíme dospět. V důsledku toho musí pochopit i ti, kdož vycházejí na ulici hledat práci, že likvidace pracovních míst je objektivní zákon přírody, neboť je odstraňováno to, co není skutečně nutné. Vyrábíme spoustu nepotřebných věcí a poté je snadno vyhodíme. Využíváme hlubiny Země na to, abychom ji nakonec zaneřádili a otrávili zvenku.

Nakonec jsme dospěli (přesněji: příroda nás dovedla) k dnešnímu krizovému stavu právě proto, abychom si uvědomili veškeré zlo našeho egoismu, že to takto dále pokračovat nemůže. K čemu nám to je?

Takže začíná být integrální vzdělávání nezbytné. Je požadované z nitra, z podstaty našeho rozvoje.

Klec nelze lámat

*Ocitli jsme se na tomto světě
jako v kleci vrabce.
Jsme plni napětí,
nadějí a zármutku.
V té kulaté kleci, kde nejsou dveře,
neocitli jsme se spolu ze své vůle.*

Omar Chajjam

Takže se integrální vzdělávání stává nezbytné právě z důvodu našeho rozvoje. To z jedné strany. Ale z druhé strany z téhož důvodu vzniká značný problém: „Jak člověku říci o stupni, který nazýváme ‚člověkem'?"

Ano, směřujeme k němu, snažíme se na sebe vyvolat jeho působení, abychom se pozvedli na jeho úroveň. Ale hovořit o tom, že po jakémkoli obrácení se k tomuto stupni bude následovat výrazný, konkrétní ohlas – to je, přinejmenším, bezdůvodné.

Samozřejmě, že když se aktivně zapojíme do budování integrální společnosti a vynaložíme maximální úsilí na vnímání této společnosti jako dokonalé, vyvoláme tím odpovídající reakci. Ale hovořit o tom je třeba krajně opatrně, jelikož máme co do činění s lidmi, kteří nejsou schopni těmto poměrně delikátním situacím okamžitě porozumět.

Takže zpočátku – opět jenom výchova. Praxe – trochu později. V opačném případě se prostě naprosto zkompromitujete. Naším cílem není někoho svazovat svým řešením: „Postupuj tak nebo tak, nebo jinak." Naopak je třeba člověka dovést k tomu, aby na základě získaných znalostí mohl sám rozhodnout, co bude působit a co ne.

Tomu se také říká: „Uč dítě podle jeho schopností."

Člověka nemůžeme „lámat". Normální rozvoj předpokládá úplné odhalení těch kvalit, se kterými se člověk narodil. Nemůžeme člověka vytahovat z klece, ve které se schovává před okolím: otevřeli jsme dveře, a když ho táhneme, zoufale se brání…

Co tedy máme dělat?

Potřebujeme vytvořit – vně něho i vně nás – úroveň všeobecné lásky, celkové součinnosti, vzájemné odpovědnosti. Nebude problém se na tuto úroveň pozvednout – zůstávám sám sebou se svými schopnostmi a současně se spojuji s okolními lidmi.

Ponechte je v tom stavu, ať se v něm trošku ohřejí, rozpustí se led nedůvěry; postupně začnou mít jeden na druhého vliv – a spatříte, že jsou naprosto jiní.

Odhalí, že klec, ve které se každý z nich nacházel, ve které se celou dobu skrýval před ostatními, přestala být zapotřebí a důležitá.

K takovému řešení musí dospět sami.

Kapitola 9

Integrální rozum

*Samozřejmě, že lidé jsou egoisté,
protože to jsou individuality.
Jak být sám sebou bez pronikavého
vědomí své osobnosti?
Jsme egoisté, a proto usilujeme
o nezávislost, blahobyt,
uznání našich práv,
proto toužíme po lásce,
hledáme aktivitu,
a proto se nemůžeme zříci odporu
k přiznání stejných práv ostatním.*

A. Gercen

Již jsme hovořili o tom, že v metodice integrální výchovy používáme jako nástroj pro realizaci přání rozum. To znamená, že:
- přání jsou primární, jejich příchod je nepředvídatelný, jejich zdroj je neznámý; to hlavní je se potěšit;
- v míře růstu člověka rostou i jeho přání a ve stejné míře se pouze pro obsluhu přání rozvíjí rozum.

V tomto, zdálo by se, nastaveném procesu se skrývá velký problém. Jde o to, že se v procesu svého růstu přání občas takzvaně „vybičují" a nemohou být zrealizována. V důsledku toho je před námi nepřístupný, rozezlený, zuřivý člověk.

Jak se takový problém řeší v integrální společnosti?

Definovali jsme integrální společnost jako společnost, ve které každý její člen získává přání celé společnosti a v souladu s tím se jeho rozum stává integrálním, nikoli osobním. Člověk chápe, jak žije společnost, a z toho také vychází při uvažování. Jakoby na sebe nasazuje brýle integrálního vidění světa, takže si říká: „Já a svět jsme jeden celek; v našich pocitech není žádný rozpor."

Je zde jednota přání a rozumu, který odpovídá této jednotě, což je také to integrální něco, které se vytváří nad námi a ve kterém existujeme. V ničem člověka neomezujeme, necítí žádný tlak, nemusí nic skrývat. Prakticky zůstává takový, jaký je. Harmonie mezi přáními a rozumem se rozvíjí v míře toho, jak člověk začne cítit stále větší a větší spojení mezi sebou a okolním prostředím, což nám diktuje dnešní svět a k čemu všeobecně ještě nejsme připraveni.

Právě tuto připravenost čili stálou kontrolu, aby byly všechny naše skutky v souladu se smyslem lidského společenství, by nám měla poskytnout integrální výchova. Pak se také projeví svobodná vůle, svoboda jednání – dříve nepoznaný pocit klidu. Ale jakmile spadneme do svého povrchního egoismu, opět se ocitneme v zajetí vymyšlených křivd a hloupých ambicí...

Příroda nám tímto způsobem pomáhá tím, že nás učí najít pravou cestu.

Jak rozlišit svobodu od nesvobody

*Vše se lidé naučili používat,
jenom se nenaučili
používat svobodu.
Možná, že je mnohem jednodušší
zápasit s nouzí
a krajní nezbytností...
V nouzi se lidé zocelují
a žijí sen o svobodě.
Vtom přichází svoboda,
a lidé nevědí, co si s ní počít.*

M. Prišvin

Dotkli jsme se tématu svobody. Promluvíme si o tom podrobněji.

Svoboda stejně jako jakýkoli jiný pocit je podmíněna existencí přesných hranic chování. Jak by v opačném případě bylo možné odlišit svobodu od nesvobody? Nastavit hranice, existovat v nich, mít povinnosti a možnost je plnit, těšit se v našich pocitech z dosaženého – právě to je svoboda.

Ale jde o to, že se na základě úmyslu přírody stáváme stále více závislými na ohromném množství vnějších faktorů. Čím dál, tím méně jsme schopni fungovat v našich vnitřních rámcích, v mezích našeho vnitřního světa. Jeho hranice jsou narušené. Příroda nás tlačí k pochopení, že pouze dohodnutá vzájemná součinnost je vchod do integrálního systému, jenž nám poskytne pocit svobody.

A vtom chtě nechtě, tudíž navzdory našemu egoistickému počátku, navzdory svému zdravému úsudku, se člověk kvůli zabezpečení svého blahobytu ocitá vtažen do řešení problémů celého světa. Zoufalého stavu – stavu nejistoty, strachu, absence svobody.

Můj vlastní pocit svobody závisí pouze na mně a na nikom jiném. Jde o to, že všechny kromě sebe přijímám jako plnoprávné členy integrálního světa, kteří se nacházejí ve stavu vzájemné odpovědnosti. A teď je pro mne nezbytné získat určité vlastnosti, některé zdokonalit a některé odstranit. Každý tudíž vnímá sebe sama na základě vztahu k druhým.

Tímto způsobem vzniká naprosto nový stav: všechna moje přání směřují k dosažení maximální integrace. A tehdy, pokud jsem uskutečnil, skutečně uskutečnil psychologický zvrat, dostávám se na tuto novou úroveň a získávám tam svobodu.

V procesu porodu se dítě převrací hlavičkou dolů – jakoby opouští veškerou minulost a objevuje se v novém světě.

Něco podobného probíhá i s námi: musíme se „otočit", začít svět vnímat jinak a potom se „zrodíme do světla" integrálního světa.

Duchovní porod

Žádný člověk na světě se nenarodil hotový čili úplně zformovaný a veškerý jeho život není nic jiného než nepřetržitě probíhající rozvoj, ustavičné formování.

V. Belinský

Při následujícím porovnání přirozených a „integrálních" porodů se nabízejí velmi zajímavá přirovnání.

Začneme tím, že porod je složitý, velmi významný, dokonce částečně tradiční proces. To za prvé. Za druhé, narození dítěte napomáhají dva faktory: vytlačující síly – tlak ze strany matky, takzvané porodní křeče, a zároveň se z dělohy matky snaží dostat sám plod.

V našem případě jsou postrkující síly velmi významné – příroda se o to postarala – je to krize ve všech oblastech našeho života a naší činnosti. Náš současný svět se pomaličku uspořádává proti nám. Toto protilehlé postavení ještě nedosáhlo svého vrcholu, ale ekonomická krize (pokud se zachová tendence jejího rozvoje) doslova hrozí našemu životu.

Takže se po této stránce všechno vyvíjí „zdařile" – přibližujeme se k aktu zrození.

Na druhé straně na mne působí můj vnitřní svět – moje přání, která mne trýzní, trvalý neklid, neustupující napjatost. Výsledek – drogy, deprese, sebevražda... Dokonce, i pokud by se vnější svět stal ve vztahu ke mně na chvilku netečným, stejně bych se nemohl zachránit před svými osobními problémy.

Jestliže obě tyto složky spojíme do jedné, můžeme se zrodit na nové úrovni – na úrovni „člověk".

Na úrovni porodních asistentek, porodníků atd. nastupuje všeobecné přesvědčení, všeobecná shoda. Pouze ve společné shodě můžeme objasnit, že smysl všech těchto konfliktů – nejen jejich příčina, ale i jejich smysl – spočívá v tom, aby nás přivedly do stavu „jeden jediný plod v jedné jediné matce – přírodě". Příroda si přeje nás pozvednout na následující úroveň a my jí v tom musíme pomoci.

Naše pomoc přírodě závisí na její úrovni. Činí naše „zrození" buď těžkým, tragickým, nebo lehkým, krásným. Tuto pomoc můžeme projevit pouze tehdy, nacházíme-li se ve skupině, ve vzájemném integrálním svazku. Jednotlivci se to nepodaří.

Tímto způsobem každá skupina ve vztahu k druhým představuje oddělenou osobnost a postupně, jak se spolu scházejí a spojují, docházejí do stavu, který požaduje příroda – „jeden jediný plod", a tím se posunují na následující úroveň.

Vymývání mozků

Dobro a rozumnost – jsou dva termíny ve skutečnosti rovnocenné: co je z teoretického hlediska rozumné, to je z praktického hlediska dobré a naopak: co je dobré, je rozhodně rozumné.

N. Černyševský

Aby si každá skupina dokázala poradit s úkolem, který má před sebou, je nezbytné přesně určit priority.

Především je zapotřebí, aby se model budoucího stavu stal žádoucí, životně nutný a aby zavazoval všechny její členy. K tomu účelu je nezbytná propaganda na takové úrovni, aby každý člen skupiny vynakládal pro dosažení tohoto cíle veškeré svoje úsilí. Tento cíl musíme stále vychvalovat, aby pro nás byl mnohem důležitější než naše egoistické cíle, naše životní problémy.

Jedním z takových problémů je negativní postoj rodiny. Vliv rodiny je obrovský. Proto je při řešení rodinných konfliktů životně důležitá a nutná podpora skupiny.

Z druhé strany je tu problém osamělosti, řekněme, varianta formálního pobytu v rodině, vně její opory, nebo opravdu život mimo rodinu, mimo rod... V takovém případě během tohoto období, když člověk není přítomen ve skupině, ho musí skupina jakoby doprovázet.

Dnes je to docela jednoduché: když člověk sedí doma u počítače, má možnost samostatně pracovat s materiály z lekcí, seminářů, shromáždění.

Všechno toto ohromné množství informací nám postupně takzvaně „vymývá mozky" (jinak to nenazveš) a člověk na to dobrovolně přistupuje, a my sami to dokonce ani neskrýváme: dáváme člověku nový životní mechanismus místo zastaralého.

Ale život je život a my nesmíme zapomínat na jeho materiální součást. Sem patří: jídlo, střecha nad hlavou, rodina atd. Materiální existenci musí mít každý zajištěnou v rozumné a dostatečné míře.

Egoistickou nadstavbou nad těmito základními potřebami jsou společenská přání: bohatství, sláva, moc, vědomosti.

V souladu s procesem integrální výchovy to znamená, že jsi-li členem skupiny, dostáváš podporu od všech svých přátel, cítíš se důležitým a určujícím prvkem celého integrálního systému a nabýváš poznatky o celé přírodě.

Toto vše se vždy projevuje na pozadí srdečného vzájemného vztahu. Jsme povinni vnášet do skupiny pouze kladné emoce; negativní odejdou samy pod vlivem pozitivního potenciálu, který akumulujeme ve skupině.

Morální klima

Kolektiv není dav.
Zkušenost kolektivního života
není pouze zkušeností sousedství
s druhými lidmi;
prostřednictvím kolektivu každý
jeho člen vchází do společenství.

A. Makarenko

Pokračujeme-li v rozhovoru o morálním klimatu ve skupině, nesmíme zapomínat, že jsme si s sebou všichni přinesli návyky a zaměření, které jsme získali v minulosti. S tím se nedá nic dělat. Proto jsou zcela možné výlevy negativní energie jak vzhledem k celé skupině, tak i ve vztahu k jednotlivému člověku.

V případě, že si člověk, který se dopustil podobného výbuchu, zlo svého skutku uvědomí a využije toto uvědomění ke své následné nápravě, skupina i „dotyčný" to přijmou a odpustí mu. Potom se to nestane důvodem pro vyloučení „provinilce" ze skupiny.

Především chceme skupinu pozvednout duchovně. Není to jednoduché. Člověk se musí povýšit nad svoji přirozenost, kterou má od přírody, nad svými přirozenými instinkty, tudíž oddělit sebe sama od svého egoismu. Proto musí skupina představovat stabilní, stmelený kolektiv, který všem svým členům zabezpečuje synchronní harmonický rozvoj. Příchod nováčků bezesporu vnese do skupiny silnou nerovnováhu, proto je účelnější z nich zorganizovat novou skupinu.

Samozřejmě vzniká otázka o předběžném testování kandidátů: jsou zapotřebí nějaká omezení, nějaká zvláštní sada vlastností?

Zkušenost ukazuje, že nehraje roli ani rozdíl ve vzdělání, ani věkový rozdíl, ani mentalita či výchova. Všechno to jsou pouze vnější projevy, a my hovoříme o spojení – nad našimi vlastnostmi – v jednu celkovou vlastnost odevzdávání, lásky a vzájemné odpovědnosti.

Kromě toho mají naše kurzy čistě praktické zaměření. Studenti (jsou to v podstatě lidé, kteří ztratili práci) mohou v závislosti na svých dispozicích získat zaměstnání vychovatele, vyučujícího či instruktora. Během jednoho a půl – dvou let je možné připravit prvotřídního specialistu. Tito specialisté jsou velmi potřební, mají otevřeno ohromné pole působnosti, a pokud by jich dnes bylo mnohem více, našli bychom pro ně uplatnění.

A jsou to – opakuji ještě jednou – lidé bez práce. Jestliže se ocitnou na nové úrovni, když jejich život naplňuje nový smysl, jejich předchozí skromný životní styl se jim jeví naprosto komfortní.

Tímto způsobem se uzdravuje celá společnost.

Kapitola 10

Předvoj lidstva

*Ve všem chci dojít
do samotné podstaty.
V práci i v hledání cesty,
v přátelském sporu.
Do podstaty tekoucích dnů,
do jejich příčiny,
do základů, kořenů, do středu.*

B. Pasternak

Výzkumy prokázaly, že šest až deset procent populace planety Země tíhne k integrální spolupráci.

Tento sklon realizují v různých altruistických organizacích, bojují za záchranu přírodního prostředí, rozdávají chléb hladovějícím, starají se o nemocné atd.

Většina se k nim chová přezíravě: „Dobře, hoňte se za nemocnými, pomáhejte nuzným... Tím nikomu neškodíte, ale nás do toho netahejte."

Zpravidla mají nízkou a povrchní úroveň chápání integrálního systému – zajímají se o řešení dílčích problémů, neuvědomují si hrozbu zničení, která visí nad celým lidstvem. Jejich altruismus je jenom jedna vlastnost, kterou máme danou od přírody.

Skutečně altruistické jsou činnosti, které směřují k dosažení všeobecného cíle, který zahrnuje celé lidstvo a který před lidstvem stojí: dosažení podobnosti s přírodou. Jsou také lidé (od přírody opravdu velmi, možno říci, zapálení egoisté), kteří dospějí k takovému uvědomění zásluhou přání pochopit úmysl přírody a proniknout do podstaty procesu evoluce. Svůj altruismus realizují péčí o celé lidstvo a starají se o to, jak je spojit v celostní, globální organismus.

Náš cílený systém šíření takové lidi odhaluje. V současnosti je to okolo dvou miliónů lidí, kteří absolutně nejsou závislí na státních hranicích, na náboženství ani na národním způsobu života. Je to předvoj lidstva, který lidi chrání před postupováním vpřed cestou utrpení a vede je cestou záměrného, uvědomělého spojení.

Jak se „uvědomělé spojení" projevuje na příkladu, vezmeme-li jednu oddělenou skupinu? Jaké úsilí musí člověk vynaložit, pokud je to opravdu nutné?

Jestliže je skupina správně zorganizována, pokud člověk vytváří správnou vzájemnou součinnost, tudíž dělá vše, aby byla interakce oboustranně kladná, právě tato součinnost – člověk to ani nezpozoruje – na něho působí žádoucím vlivem.

Na jakoukoli žádost, jakýkoliv podnět zaměřený na skupinu, člověk okamžitě dostává tisíckrát zesílenou odpověď, jež ho mění v souladu s potřebami skupiny, tudíž s potřebami přírody.

Vybudování skupiny

Nesmírná samolibost a sebejistota nejsou příznakem pocitu osobní ctnosti.

F. Dostojevský

Výše jsme použili vyjádření „pokud je skupina správně zorganizována". Pohovoříme o něm podrobněji a nezapomeneme, že veškeré naše hodnocení a charakteristiky vycházejí z principů budování integrální společnosti.

Skupinou (což může být deset, třicet i milion lidí – není důležité kolik) je taková společnost, která představuje celistvý organismus. Každý člen takové společnosti se nachází v neustálém hledání: „Co mohu udělat, aby byla skupina harmonická, homogenní? Abych byl schopen jakékoliv chyby, které bych viděl, vyrovnat právě svým postojem: nejdůležitější je naše svornost, soudržnost, jednota."

Takové sjednocení je to nové, co se rodí z osobností a co má právo na svoji existenci. Podporujeme tuto existenci, hýčkáme ji. Je jako naše děťátko... Najednou se začíná jakoby odtrhávat od každého z nás, existovat vně nás, vtahovat nás do sebe. A my uvnitř tohoto sjednocení ztrácíme – každý z nás – svoji osobní egoistickou individualitu a získáváme individualitu integrální. Na jedné straně tudíž toto integrální beze mne neexistuje, ale na druhé straně spočívá moje role právě v tom, abych toto integrální vytvořil.

Je naprosto samozřejmé, že se v procesu vytváření skupiny najdou lidé, kteří začínají vládnout, přivlastňovat si intelektuální zdroje skupiny a začínají je přerozdělovat. Aby uhájili svoje vůdcovské pozice, jsou opravdu připraveni na všechno.

Snahu vládnout skupině musí sama skupina nasměrovat na snahu vládnout nad sebou samým.

Jak to provést? Pouze projednáním, v žádném případě ne zavržením; pouze každodenní trpělivou prací. A zde každý odhaluje obrovské hromady egoismu v sobě samém.

Musíme jeden druhému v této práci pomáhat; nepotlačovat, nepoukazovat, ale snažit se ke všem a ke každému chovat absolutně objektivně. Nemůžeme se stydět nebo pyšnit jakýmikoliv svými kvalitami, neboť chápeme, že nám byly dány přírodou.

Povinnost vytvořit skupinu, která odpovídá potřebám integrálního světa, není dar přírody – je to náš dluh.

Převýchova lídrů

*Pravdivé a dobré
je v tobě samotném.
Kdo nehledá dobro v sobě samém,
dělá to samé, co dělá pastýř,
když hledá ve stádě to jehně,
které má na své hrudi.*

L. Tolstoj

V každé skupině jsou tedy identifikováni „vůdci". Jak je pravidlem (všichni ne, ale samozřejmě bývají výjimky), někteří jsou zbytečně agresivní z jedné strany, a chorobně nedůtkliví z druhé. Jakmile je něco nepatrně špatně, jsou připraveni „prásknout dveřmi".

Takoví lidé se mohou naši metodiku učit během mnoha měsíců: výpisky, diagramy, tabulky, komentáře, závěry – a nakonec obhájit dokonce doktorskou disertační práci. Ale dát tyto znalosti do souvislosti se sebou samým a nechat je do sebe proniknout nejsou zatím schopni, proto také sami sebe vedou takovým způsobem. Pohled na sebe sama ze strany jim prakticky naprosto schází – příroda jim tuto vlastnost nenadělila.

Co s nimi dělat?

Nejlepší ze všeho je nechat je stranou od praktické činnosti skupiny v realizaci metodiky a poskytnout jim možnost pracovat nad materiálem. Může to být jakákoliv práce: hledání příkladů, srovnávání, systematizace, analýza činnosti různých společenských hnutí – nechť se zabývají tím vším.

Během procesu práce stále zřetelněji vidí, k čemu vedou různé chyby ve vzájemných vztazích mezi lidmi, kolik integrálních vztahů zůstalo nerealizováno kvůli překážkám, které vytvořili stejní lidé.

Postupně, krok za krokem, je tyto znalosti mění – dostaví se pochopení důležitosti skupiny, nezbytnosti v ní být, a to nejdůležitější: porozumění tomu, jakých kvalit pro toto mají nedostatek. Nikoliv hned, ale přesto dospějí k uvědomění, že nejsou nezávislými soudci, kteří stojí nad členy skupiny, ale naopak, že jsou níže než oni – vždyť členové skupiny se od nich liší, neboť již cítí potřebu integrální společnosti. V opačném případě zůstane člověk nezúčastněným cizím pozorovatelem, mechanismem, který se není schopen změnit – celá metodika však spočívá ve změně samotného člověka. Na to je někdy zapotřebí mnoha let. Není to jednoduchá práce. Uvědomění si vlastní přirozenosti musí proniknout skrze člověka a nastat v něm samotném, v jeho osobnosti bez popohánění (je zakázáno jakékoliv násilí), výhradně jenom pod vlivem materiálu, který ho zdokonaluje.

Závěrečný akord

*Logickou osou
našeho morálního zákona
v žádném případě nemůže být
izolovaný jedinec,
nezávislý na společenských jevech.
Naše jednání musí být měřeno
pouze zájmy kolektivu
a kolektivnosti.*

A. Makarenko

Integrální rozvoj osobnosti, o kterém jsme hovořili výše, je zároveň i jejím individuálním rozvojem a oddělit jedno od druhého není možné.

Individuální vývoj – sám o sobě – neexistuje. Moje úroveň integrace s okolím, tudíž to, nakolik jej budu doplňovat v procesu vytváření optimálních vzájemných vztahů a přeměňovat tyto vzájemné vztahy do jednoho uceleného systému, je můj osobní rozvoj. Svou účastí, přáními i myšlenkami doplňuji jak naše celé společenství, tak i každého z nás.

Přitom se vzhledem ke mně začíná projevovat celková síla přání a myšlenek členů skupiny a já se stávám jakoby vyrovnávajícím, shromažďujícím prvkem v této skupině.

Nezáleží na tom, v jakém stavu je skupina – neexistuje objektivní posouzení a ani existovat nemůže, protože každý z jejích členů má vlastní vnímání. Záleží pouze na tom, jak ji cítím. Tato skupina se může nacházet v naprosto odlišných rozpoloženích; moje představy mohou být zcela odlišné a v souladu s tím jsem v neustálém vnitřním hledání, ve středu neustálého dění, v pohybu.

To vede k tomu, že se celkový objem všech druhů změn, pocitů a myšlenek každého z nás postupně stává vlastnictvím všech. Tímto způsobem skutečně skupina dosahuje plnější jednoty, vytváří společnost (i když malou), ve které se každý stává roven všem.

Jedná se o druh závěrečného akordu všech přeměn, k nimž došlo v každém z nás.

Hovořili jsme o skupině, která se skládá z dobrovolníků. A pokud hovoříme o té převážné většině lidstva, kterou, jak předpokládáme, budeme mít štěstí učit, tak tam budou samozřejmě lidé, kteří přišli jen z nutnosti.

V počáteční fázi (a ta bude těžká a zabere mnoho času) se musíme naučit, jak se povznést nad národní spory, nepřátelství mezi státy, nad rozdíly věku, pohlaví a tak dále. Musíme vysvětlit, že bez ohledu na vnější slupku jsou touhy, záměry a rozum každého z nich jejich podstata a že mohou a musí mezi sebou spolupůsobit.

Ženská otázka

Ty jsi žena, a tím máš pravdu.

V. Bryusov

Jakmile jsme se dotkli problematiky rozdílů mezi pohlavími, přiblížíme specifika výuky ve skupině žen.

Je to velmi, velmi obtížná práce, jejíž složitost pochází ze skutečnosti, že je žena zpočátku velmi uzavřená bytost, která sebe i celý svět vnímá výlučně jen v sobě samé.

Pokud mezi muži existují interakce, přátelská podpora, ochota obětovat se pro druhé, mezi ženami téměř nic takového není – není jim to dáno přírodou. Každá žena, každá ženská osobnost je vytvořena tak, aby existovala sama o sobě, ochránila své hranice, svoje mláďata, svůj dům, svoji noru a tak dále.

Ženy si sobě navzájem v ženské skupině nevěnují žádnou pozornost. Mohou tam být jakési kamarádky, ale to jsou ojedinělé případy... Jak individuálně přijdou, tak individuálně také odejdou.

Tato ženská přirozenost je egoismus ve své nejčistší podobě. Žena je vždy uvnitř – ve svém „já" a nikdy s nikým blízko. A pokud ano, tak jen: „... pokud osobní zájmy nejsou takové, aby ženy vyzbrojily proti sobě, pak jsme my všechny jako jedna připraveny bránit naše ubohé utlačované pohlaví před hrdými, hroznými a zároveň hloupými muži". Tak psychologicky přesně, a zároveň obrazně popsal Beaumarchais ústy Marceliny (postava ze hry „Figarova svatba") podstatu ženské přirozenosti.

V žádném případě nemůžeme ničit či převracet to, co je zadáno přírodou.

Co dělat? Vytvořit silnou mužskou skupinu, která na jedné straně ukazuje ženám příklad sdružení, a na druhé straně vyžaduje účinnou podporu žen, bez níž je takový svazek nemožný.

Díky tomuto efektu se ženy mohou povznést nad své „já", začít se cítit jako jeden jediný ženský celek a existovat na úrovni nezbytného prvku životaschopnosti mužské skupiny.

Navíc se to stane nedobrovolně – vidíme v tom zákon přírody. Jednotné ženské prostředí je jakoby vnější kruh vzhledem k vnitřní mužské skupině – tato dvě integrovaná společenství představují velmi silný svazek mužského a ženského výchozího bodu v přírodě.

Bez žen nelze na světě žít...

*Role ženy
je probouzet v muži energii duše,
plamen ušlechtilých vášní,
podporovat smysl pro povinnost
a úsilí k vysokému a velikému.
V tom je její poslání
a to je veliké a posvátné.*

V. Belinský

Takže:
- mužská skupina dosahuje stavu jednoty;
- ženská skupina funguje jako pevná podpora mužů, bez které se nemohou spojit;
- tyto dvě skupiny se spolu nespojují, nemíchají se, i nadále existují ve dvou kruzích: vnějším – ženském a vnitřním – mužském.

Je podivuhodné, jak rozdílné role nadělila příroda ženám a mužům v jejich integrálním sdružení. Nikoliv násilí proti ženské či mužské přirozenosti, nýbrž právě jejich vzájemná spolupráce postupně vede k různým formám integrace.

Ve shodě s tím je náš systém integrálního vzdělávání založen pouze na jednom uvědomění – na pochopení přání změnit své vnitřní já. Zejména u žen výsledek často závisí na stupni osvojení si vzdělávacích materiálů a jejich přítomnost ve skupině je nezbytná jedině kvůli tomu, aby diskutovaly o tomto materiálu, v žádném případě však nikoliv v osobní rovině, jak to probíhá v mužské skupině.

Po uplynutí určité doby opravdu začnou mít pocit, že je třeba, aby byly spolu s cílem vyvolat u mužů touhu ke spojení, a že díky tomu ony samy dojdou ke stavu jednoty a že neexistuje žádný jiný způsob, jak tohoto stavu dosáhnout.

Vliv žen na muže by měl být velmi opatrný, velmi delikátní – muži musí stále vnímat svoji naprostou samostatnost. Vše musí probíhat naprosto přirozeně, a to vždy po dávkách, aby v mužích nevyvolávaly negativní reakce typu: „... nám je to všechno lhostejné a nezáleží nám na tom, obejdeme se bez vás..."

Pokud se ženská skupina bude vztahovat k mužům jako matka k dítěti, to znamená něžně, starostlivě, a povzbudí jakýkoliv jejich úspěch, mohlo by to hrát zásadní roli v pozvednutí mužské skupiny. Tehdy se muži ženám přiznají, že jejich podporu potřebují, že v nich naděje a očekávání žen probouzejí nadšení, inspirují je a jsou ochotni to uznat...

Obecně platí, že celé to spektrum vzájemných vlivů, pocitů a očekávání vede k dosažení přesně toho cíle, pro který se připravujeme a shromažďujeme ve skupinách.

Kapitola 11

Nerovnováha ve vztazích – nemoc

*Tvůj názor
bude jednou pevný a jasný.
Smaž náhodné rysy
a uvidíš krásný svět...
Ať všechno proběhne pomalu,
co je svaté ve světě,
co je v něm hříšné,
skrze žár duše, skrze chlad rozumu.*

A. Blok

Z dětství jsou v nás založeny známé regulátory chování, jako je například stud, pocit viny, strach a tak dále. Souhrn těchto usměrňovačů je systém morálních norem lidského chování v rodině a ve společnosti, který je definován jako etika.

Tyto regulátory jsou samy o sobě neutrální. Naším úkolem je naučit již dospělé lidi, jak je správně používat.

Jak? Vysvětlím to na příkladu strachu – strachu onemocnět. Podle statistik je to dnes velmi rozšířená (a to i mezi mladými lidmi) neuróza.

Nejprve je třeba se dohodnout, co pokládáme za nemoc. Nemoc – to je stav organismu, kdy orgány mezi sebou navzájem přestanou sladěně spolupůsobit. V důsledku toho se vytváří nerovnováha, kterou zažíváme jako příznaky nemoci: zvýšený tlak nebo teplota, projevují se různé druhy bolestí a tak dále. Léčba tudíž spočívá v obnovení harmonie v činnosti organismu. Tímto způsobem se můžeme zbavit vážných, dokonce zdánlivě nevyléčitelných nemocí.

Jaký závěr z toho vyplývá?

Za prvé, musíme dosáhnout harmonie ve vzájemných vztazích mezi sebou, nevyjímaje ani jednu naši vlastnost, to znamená: „Já jsem člověk. Nic lidského mi není cizí. Přijímám všechny své kvality, protože jsou to zcela svobodné kombinace, které mi byly dány přírodou." Postupně budeme ze sebe extrahovat další a další nové vlastnosti: strachy, úzkosti, výčitky našim přátelům nebo obviňování sebe sama. To znamená, že v případě, že je mezi námi láska, pocit vzájemné potřebnosti jednoho ke druhému, nejsou tam žádné tabu; naopak, čím více se uvnitř otevírám, tím více jsem bezbranný, a tím, zdá se, se stává silnější spojení mezi námi.

A tak je to u každého z nás.

V tomto případě se všechny naše negativní egoistické vlastnosti, s pomocí kterých se chceme navzájem využít, jeden od druhého si něco urvat pro sebe, začínají projevovat jako bezpečnostní lano, které drží řetěz horolezců.

Je zřejmé, že do nás příroda nevložila nic špatného. Poskytla nám příležitost transformovat používání našich vlastností, a tím pro nás vytvořila příležitost – právě tímto činem – navzájem se mezi sebou spojit.

Duchovní dýchání

*Žít – znamená cítit a myslet,
trpět a být šťastný.
Jakýkoliv jiný život – smrt.*

V. Belinský

Ve skupině integrálního vzdělávání se člověk snaží dosáhnout zcela jednoznačného cíle a s ohledem na tento cíl se v člověku otevře to, co bychom mohli nazvat duchovní dýchání.

Vdechnul – to znamená, že cítí pospolitost skupiny, tudíž pocítil její velikost, sílu, kterou dává, pocítil radost, nadšení. A poté následuje výdech, protože se v opačném případě nemůžeš posunout dále. Výdech – to znamená vytvořit v sobě nový prázdný prostor čili odhalit nové negativní vlastnosti, transformovat je a znovu se všemi dosáhnout jednoty. Duchovní dýchání je charakteristické pro každého člena skupiny a každý má svůj obvyklý rytmus vzestupů a pádů.

Ale stává se (častěji v případě, že se celá skupina podílela na organizování nějaké velké akce, např. mezinárodního kongresu), že se tyto výkyvy vyskytnou v souzvuku u všech členů skupiny. Nikde s výjimkou takové společné práce nemůžeme dosáhnout natolik hluboký pocit sjednocení, soudržnosti a těsného spojení s přáteli.

Samozřejmě, že po takovém vzestupu přichází pád buď do stavu nejednotnosti, nebo stavu lhostejnosti, apatie. Stav nejednotnosti je lepší, protože probíhá intenzivněji, a proto může být překonán rychleji. Stav lhostejnosti může trvat otravně dlouho a dostat se z něho vyžaduje silný otřes.

To je to, co se týká skupiny.

Ale jak pomoci tomu, kdo se nachází v poklesu? Pomoc musí pocházet od celé skupiny, ale neměl by to být tlak, nýbrž pouze „povzbuzení", ale poměrně rozhodné.

Samozřejmě, že člověk může říci: „Nechte mě na pokoji. Nemám touhu hrát v těchto hrách." V tomto případě je nutné jej nechat v klidu, samotného se svým prožíváním. Uplyne čas a vrátí se. Většinou se vracejí – vždyť ve skutečnosti žádná jiná cesta není.

Ze své strany je skupina povinna ho držet na dohled, nenápadně podporovat spojení, zvát ho při každé vhodné příležitosti.

Člověk musí vědět, že ho skupina vždy přijme, že ho potřebuje – to mu pomůže, aby se vrátil.

„Ženské" problémy

> „Je mi těžko nebo smutno.
> Jsem osamělá."
> Avšak kdo ti přikázal
> se vzdálit od všech lidí
> a zamknout se
> ve svém vězení opuštěného,
> smutného a nicotného „já"?
>
> L. Tolstoj

Vše, o čem jsme hovořili výše, platí pro muže.

Ale vážně, co můžeme doporučit ženám, které se ocitnou v podobné situaci?

Účel ženské skupiny (už jsme o tom hovořili) spočívá v tom, že je povinna nejen podporovat muže na jejich cestě k jednotě, ale také je k tomu povzbuzovat. Pokud ženy dospějí k pochopení, že vytvořily skupinu kvůli vyplnění právě tohoto úkolu a všechno ostatní je druhotné, jejich vliv na mužskou skupinu se stane skutečně účinný.

Ale je to docela složitý, a nikoliv rychle vyřešitelný problém. Teprve pod vlivem jednoty, které je dosaženo v mužské skupině, jsou ženy kvůli cíli přimět muže se posouvat vpřed dokonce ochotné se v něčem sjednotit.

Opravdu jsou tak nezištné? Samozřejmě, že ne.

Jde o to, že každá z nich obdrží od mužské skupiny svoje naplnění a současně si začíná uvědomovat, že společně, každá z nich a všechny dohromady, výrazně zvýší svůj vliv a v souladu s tím i více obdrží. Jenom proto se začnou pozvedávat nad svou ženskou podstatu a vytvoří společný ženský obraz.

Když z toho vycházíme, jak musíme vytvářet naši praktickou práci?

V každé ženské skupině musí být instruktoři muži – ne jeden, ale nejméně dva – kteří tyto skupiny vedou. Samozřejmě, že k jejich povinnosti patří vyřešení všech druhů mimořádných situací. Kromě toho vede trvalá práce se skupinou k tomu, že ženy obvykle překonávají tyto stavy samy. Pro muže je to mnohem obtížnější.

V případě, že se zabýváme mužem a ženou a jeden z nich „padl", pak, samozřejmě, můžeme přes ženu působit na muže nebo přes muže na ženu. Působit znamená pohovořit, podpořit, poskytnout jim možnost, aby si vzájemně pomohli sami. Nejdůležitější věcí je, že ani on, ani ona by se neměli podřeknout, že jednají podle naší nápovědy; vše musí přijít z čistého srdce.

V nejtěžších případech je vhodná úplná změna podmínek: les, břeh řeky, mořská pláž, výuka v přírodě a mnoho-mnoho sportu.

Úkoly nového světa

Nejen tvůrčí mysl, ale i tvůrčí vášeň,
vášnivé odhodlání a vášnivý cit
musí rozehřát zatvrzené vědomí,
roztavit svět,
jenž se tomuto vědomí ukazuje.

N. Berďajev

Vystoupení člověka z „já" do „my" a poté z „my" do „jednoho", kde už není „my", ale existuje tam jen naše spojení, znamená posun směrem k integraci, integrálnímu vzdělání – tomuto tématu je věnováno obrovské množství materiálů. Práce s těmito materiály je tak univerzální, protože se neustále mění stavy skupiny, vznikají naprosto odlišné okolnosti. Proto musíme být velmi, velmi flexibilní.

V jedné hodině, v jedné diskusi je možné prožít tolik situací, že se ani nevměstnají do žádných přesných rámců chování nebo jasného metodického pokynu.

Během hodiny musíme zpracovávat data prakticky ze všech oborů vědy a techniky, poukazovat na díla literatury a umění, žertovat skrze slzy nebo plakat ze smíchu…

Pronikáme vším tím do té míry, že se pocity, myšlenky, vzestupy a pády každého z nás stávají společnými. Vciťujeme se navzájem jeden do druhého. Vše je jasné každému.

Proto, je-li v dnešních školách přijat dost „suchý" styl výuky, za jehož hranice se nedoporučuje vycházet, v našem systému vše závisí pouze na tom, jaký druh materiálu a s jakým cílem vyučuji.

Například lekce, která se koná v rámci vzdělávacího procesu, může být lekcí o fyzice nového světa, nové společnosti. Samozřejmě, že v tomto případě využívám všechny údaje vědy, které mám na dosah, zaměřuji se na spojení příčina-a-následek a tak dále. Musím vštípit studentům respekt a důvěru k těm faktům, které předkládám, a úměrně k tomu umísťuji sám sebe na úroveň seriózního vědce.

Na druhou stranu, když s nimi začnu mluvit o některých psychických specifičnostech, jsem tam již v roli psychologa nebo empatického, soucitného... A tak dále.

Neustále měníme role.

V zásadě se snažím zajistit, aby má vysvětlení vyvolala v posluchačích žízeň po poznání. Do svých vysvětlení předem vkládám jakoby rozpaky, příležitost se ptát: „Proč je to tak? Nebo možná ne takto, ale jinak?"

Správná otázka – polovina odpovědi

> *Proč si lidé většinou v životě*
> *navzájem překážejí?*
> *Vždyť jaké jsou z toho ztráty!*
> *Jaké hrozné ztráty!*
> *Kdyby nebylo nenávisti a zloby,*
> *lidé by měli jeden od druhého*
> *obrovský přínos.*
>
> A. Čechov

Takže, jakým způsobem může učitel (v tomto případě – já) vyhodnotit efektivitu své práce? Co slouží jako kritérium, že si posluchači materiál skutečně osvojili?

Kdyby po mém vysvětlení nebylo všechno všem jasné, a nejsou-li žádné otázky, domnívám se, že jsem nebyl schopen posluchačům nic předat: nemají nic, co by mohli uchopit. Pokud následuje otázka za otázkou – jsou atakující, rozmanité a od různých lidí – mohu doufat, že byla mnou předložená témata skutečně pochopena.

Správná odpověď v sobě obsahuje následující otázku, správná otázka – to je již polovina odpovědi.

Stává se, že student není schopen správně formulovat otázku, nebo se snaží položit otázku, kterou ve skutečnosti nemá. Mým úkolem v tomto případě je pomoci studentovi otázku „otočit" tak, aby jak student, tak všichni posluchači, celé publikum z toho vytěžilo prospěch, všichni dostali tu informaci, kterou pokládám za nutnou předat.

Pokud po době 15–20 minut, které jsem vynaložil na předávání informací, následující otázky a odpovědi na ně zaberou dvakrát více času, je možné s jistotou říci, že vynaložený čas není zbytečný.

Jediné, co může zabránit úspěšnému provedení lekce, je velmi častá, dokonce nevědomě projevovaná agrese. Je to například i šepot přátel mezi sebou, který neruší (jak se jim zdá) ty, co sedí vedle nich, nebo projev nepřátelství, zlé vůle k přátelům a tak dále.

Obvykle se po prvních lekcích všechno vrátí do normálu. Rozhodně je někdy nutné některé přemístit do oddělených skupin, nebo dokonce vyloučit...

Ale většina je zpravidla po uvědomění, že mohou v jednotě mezi sebou odhalit nový, dokonalý svět, připravena zahodit vše, co brání realizaci této myšlenky. Když jim vysvětlíme strukturu vesmíru, vysvětlíme, jakým způsobem a jakou vnímáme realitu, pak nezůstane místo pro projevy nepřátelství k sobě navzájem.

Domnívám se, že maximálně během šesti měsíců je možné všechny začátečníky spojit do jedné třídy, do jedné skupiny, jelikož jejich stálý kontakt mezi sebou vytváří optimální podmínky pro posun vpřed.

Tvořivost v integrálním světě

> *Život jiskří kolem dokola,*
> *život hřmí široko daleko!*
> *Vrhá se do hloubky staletí –*
> *hoří na dně...*
> *Běžím do výšek časů –*
> *křičí na mně: „Budu!"*
> *Je nad vším, co je –*
> *je ve všem, ve mně!*
>
> V. Bryusov

Pokud ve vzájemném vztahu mezi skupinami – předpokládejme, že je jedna skupina v Rusku a druhá v Jižní Americe – dosáhneme ve společenství mezi nimi stejné jednoty, můžeme s jistotou říci, že naše metodika bude úspěšně šířena po celém světě.

Pokud jde o integraci, lidé si bez ohledu na etnické, národnostní i civilizační rozdíly navzájem výborně rozumí. Nezáleží na tom, jakým jazykem hovoří – komunikují jazykem pocitů, jazykem hudby, jazykem tance. Tento jazyk vznikl, tak říkajíc, z duchovního základu člověka před jeho příchodem do hmotné reality.

A dnes na základě tohoto jazyka vzniká zcela nové umění, naprosto nová kultura komunikace, chování. Můžeme doufat, že díky tomu se lidstvo povznese na integrální úroveň.

Věnujeme velkou pozornost této orientaci naší reality. Zároveň se vzdělávacími a výchovnými programy existují do detailů propracované programy šíření vzdělání.

Věříme, že by absolventi našich kurzů měli být v této oblasti kvalifikovanými specialisty. Před nimi je obrovské pole působnosti v oblasti informací, kultury a umění. Samozřejmě, že máme velký zájem o to, aby k nám přicházeli a spolupracovali s námi básníci, spisovatelé, hudebníci a tak dále. Jedná se o umělce, kteří v procesu učení začnou hledat prostředek k vyjádření svých pocitů a myšlenek. Není však správné je k tomu zavazovat.

V souladu se svým uměleckým nadšením nacházejí jeden druhého, vytvářejí hudební, taneční a divadelní soubory, skládají písně, natáčejí klipy a tak dále.

Domnívám se, že v průběhu času z toho bude vytvořen zcela nový repertoár, jenž bude skutečně žádaný a dobře placený a který nakonec vyplní všechen prostor v médiích. Není žádným tajemstvím, že současný repertoár s každým dnem víc a více odhaluje svou prázdnotu. Diváci jsou znuděni nekonečnými seriály a nesmyslnými zábavnými pořady. Pomalu, ale vytrvale klesající příjmy představují přesné ukazatele tohoto procesu.

Kapitola 12

Jak se ukládat ke spánku

*Nechť každý den a každou hodinu
získáte nové.
Nechť dobrá bude vaše mysl
a srdce moudré bude.
Přeji vám z duše, přátelé,
všechno dobré.
Avšak vše dobré, přátelé,
nezískáváme snadno!*

S. Maršak

V Tóře je řečeno: „A byl večer a bylo jitro – den první."

Jeden z významů slova „Tóra" je možné přeložit do českého jazyka jako „instrukce". Vedeni jí, musíme připustit, že den skutečně začíná večerem. To znamená, že myšlenky, se kterými jde člověk spát, ho ovlivní na celý další den; určují, jak proběhne.

Pro nás to není jen prosté doporučení, ale nutnost, protože bez náležité přípravy není možné si osvojit učební materiál. Chceme v důsledku učení přejít na zcela novou úroveň spojení mezi námi, se zcela novým pohledem na svět, na sebe samé. Naše cíle jsou v takové izolaci od naší reality, že je pro jejich dosažení v naší pozemské realitě nesmírně důležitá společná myšlenka, s níž se celá skupina ukládá ke spánku, i společná nálada, s jakou jdou na lekci.

Toho lze dosáhnout pomocí večerních domácích úkolů. Není důležité, zda člověk poslouchá písně, shlédne video, přečte si článek – důležité je, aby byl naladěn na jednotu s přáteli, a teprve potom šel spát. Ještě důležitější je, že se probudí se stejnou náladou.

A potom, asi 15 minut před lekcí, nám již bude stačit i tak krátký čas, aby se všichni znovu do tohoto stavu zapojili.

Teprve po takové pečlivé přípravě, když přesně víme, že všichni směřují k témuž cíli, je možné začít s výukou.

Jak můžete vidět, člověk se v našem systému vzdělávání velmi vážně zabývá etickou prací, jež je spojena s vnitřním úsilím, které je mnohem vyšší, než je obvyklé. Proto musíme přijmout fakt, že je odpočinek nutný. Je možné se nevyspat v noci, ale pak je nutné se dospat během dne.

Doporučil bych si na to vydělit čas v polovině dne. Když člověk určitým způsobem trénuje, může spát po dobu 15–20 minut a zároveň se cítit odpočatý jako po dlouhém dobrém nočním spánku.

Pedagogický kolektiv

> *Vědu si lidé často pletou se znalostmi.*
> *Jedná se o hrubé nedorozumění.*
> *Věda nejsou jenom znalosti, ale i vědomí, to znamená schopnost znalosti správně používat.*
>
> V. Klučevský

Celkem podrobně jsme hovořili o vzdělávacím programu, který byl přijat v našich kurzech, například o tom, že se skládá ze dvou částí – teoretické, kterou nazýváme vzděláním, a praktické, kterou nazýváme výchovou.

Nyní pohovoříme o pedagogickém kolektivu pracovníků: o jaký druh lidí se jedná, jaká je to práce, v čem spočívá její složitost?

Začněme s tím, že máme jednotný systém, v rámci kterého se provádí příprava všech odborníků, kteří se podílejí na provádění a obsluze vzdělávacího procesu.

Připravujeme učitele, lektory, asistenty a další – metodiky, projektanty a tak dále. Nutně potřebujeme tvůrce klipů a vzdělávacích filmů i učebnic, literární vědce, skladatele písní a projektanty počítačových her...

Stručně řečeno, připravujeme odborníky ve všech odvětvích vzdělávacího systému, kteří ovládají zákony integrálního světa, chápou svůj integrální postoj a v souladu s tím jednají.

Učitelé mají velmi přísné vymezení: musí učit a musí se sami učit, mají povinnost být v neustálém spojení s tvůrci výukových materiálů, poslouchat jejich názory a dávat jim rady. To znamená, že jsou velmi, a především mnohostranně zatíženi.

Jak lze optimalizovat toto zatížení?

Jednou z metod je odpovídající počet učitelů ve třídě vzhledem k tématu prováděné výuky.

Jestliže se jedná o frontální výuku – například o lekci, seminář, zhlédnutí vzdělávacího filmu – pro skupinu několika desítek lidí stačí pouze jeden učitel.

Pokud se zapojujeme do diskuzí různých druhů, když je skupina rozdělena, řekněme na aktivní účastníky a pasivní posluchače, nebo například hrajeme scénku u soudu se žalobci a obviněnými, či se prostě rozdělujeme na mužskou a ženskou část, pak je, samozřejmě, zapotřebí již několika učitelů. Jsou nezbytní pro nasměrování diskuse správným směrem, provedení hry takovým způsobem, aby v důsledku toho byly uskutečněny pro nás potřebné závěry.

Je velmi důležité, aby měl učitel skutečně odpovídající charisma. Musí tak říkajíc držet skupinu, musí sám sebe umístit do takové pozice, aby byl vzhledem ke svým studentům jako profesor.

Jak být v obrazu

*Člověk vždy byl a bude
nejzajímavějším jevem pro člověka.*

V. Belinský

Jedním z nejdůležitějších principů budování skupiny (to je další aspekt této problematiky) je absolutní rovnost všech jejích členů – plná demokracie s porozuměním tomu, co představuje učitel, přednášející a studenti.

Této zásady je nezbytné se držet i v průběhu praktického procvičování znalostí, kde v procesu výměny názorů, posuzování či diskusí probíhá upevnění poznatků získaných na přednášce. Z tohoto důvodu je žádoucí (pro podporu autority lektora), aby tuto výuku prováděl další učitel.

To je, mimochodem, obvyklá metoda výuky na vysokých školách.

Vzhledem k tomu, že studujeme materiál o žijícím člověku, to znamená o nás, o našich problémech, o vztazích v rodině, ve společnosti, v práci, je v některých případech nutné zapojit několik učitelů. Jejich úkolem je iniciovat určité životní situace tak, aby byly výraznější, jak se říká, „nabrousit hrany", vyvolat u studentů vnitřní rozhořčení, přimět je si vybrat svůj vlastní model chování a zároveň pochopit postavení protivníka.

Existují různé metody vlivu a jednou z nich je praktický výcvik. To je podobné práci herce: má nachystané určité představy, a když hraje nějakou roli, vejde do odpovídající představy, oživí ji. Totéž by mělo být provedeno i s námi; musíme člověku poskytnout modely integrálního chování a integrální součinnosti a neustálým procvičováním dosáhnout toho, aby se za všech okolností mohl do nich snadno vžít.

Tím končí podobnost mezi naší prací a prací herce.

Herec, když odehraje například hru, vyjde z představy, z obrazu, a znovu se stává sám sebou. Začíná nám nejtěžší část práce: dostat se do souladu s představou, ztotožnit se s ní. Přičemž na jedné lekci by měl každý z nás hrát více než jednu roli, a nejlépe různorodé.

Takže se bez těchto přechodných stavů nemůžeme obejít. Musíme to takto udělat a to vyžaduje hodně praktického tréninku.

Jaký by měl být učitel

*V historii vývoje lidstva
nemůže být inspirace
nikdy oceněna příliš vysoko.
V té či oné podobě proniká
celým duševním životem člověka,
je základním prvkem života.*

V. Vernadský

Má však skupina právo zpochybnit kvalifikaci učitele, může skupina provádět monitorování lektora z hlediska jeho způsobilosti pro funkci?

Kvalifikace učitele (jeho „profesní nadání") je stanovena v průběhu několika měsíců jeho práce se skupinou.

V případě, že skupina úspěšně funguje a učitel se aktivně podílí na vývoji metodiky a na tvorbě dalších učebních materiálů různého druhu, je pochopitelné, že se opravdu nachází na svém místě.

Jsou tam i tací, kteří v dobré víře, ale bez plného nasazení, bez vnitřního vyjádření prostě odpracují své hodiny. Je třeba podobný postoj změnit s cílem zajistit, aby se práce učitele v žádném případě nestala rutinní povinností: vytváříš novou společnost, nacházíš se jakoby na úrovni Stvořitele – vytváříš člověka ze živočicha!

Ne, určitě ne ty... Ale svou prací vyvoláváš takové síly, které vytvářejí celkový obraz člověka.

Učitele tedy musíme vidět jako zaníceného a inspirujícího, jinak bude skupina naprosto formální sdružení, které nakonec pomaloučku zmizí...

Proto také není důležitý vzhled učitele. Může být nesympatický, nepříjemný, dokonce možná i s vulgárními způsoby... Ale pokud ho přes toto všechno prostupuje upřímnost, jeho soustředěná vnitřní práce, všechno ostatní ustupuje do pozadí.

Proč se rozhovor přece jen stočil na způsoby, na vnější stránku učitele? Kvůli tomu, že my sami se nacházíme na živočišné úrovni rozvoje lidstva. To znamená, že všechny naše problémy a všechny naše obavy se týkají života našich těl – toho, čím žijí, toho, co se děje kolem nich. Samozřejmě jsme zdokonalený živočich, ale stejně živočich...

A „člověk", jak jsme již uvedli, je souhrnný obraz, který vytváříme, když se pozvedáváme nad naši živočišnou přirozenost. Příroda nás k tomu pobízí a v reakci na její výzvu – to znamená, že když se sjednocujeme a všechny naše myšlenky, touhy a naděje spojujeme v jeden celek – dospějeme k našemu integrálnímu stavu: „člověk". Mezi sebou navzájem se přizpůsobujeme tak, že naši živočišnou existenci prakticky přestaneme pociťovat.

Tlak přírody

*Pokud by se všichni lidé
sjednotili v jeden celek,
pak by nebylo to,
co v porovnání s životy ostatních
chápeme jako svůj osobitý život,
protože náš život je jen stále větším
a větším spojením odpojeného.
V tomto stále větším a větším
spojení odpojeného tkví
skutečný život a jediné pravé blaho
lidského života.*

L. Tolstoj

S rozvojem lidstva a jeho růstem se na něho neustále zvyšuje vliv. Jak například vychováváme dítě? Zpočátku přesvědčováním a poté něčím působivějším. Stejným způsobem stoupá výchova přírody vzhledem k nám.

Dnes zjišťujeme, že v rozporu s potřebami přírody – být plně vzájemně propojeni ve všech oblastech našeho života – se tomu snažíme vyhnout ze všech sil.

Chápeme (sama příroda to dokazuje), že nám spojení slibuje velké výhody, ale dospět k souladu s přírodou navzdory našemu egoismu nejsme schopni.

Opravdu, pokud nejsme s to, pak – velmi jednoduše! – lidstvo spěje k tomu, že brzy nebude moci samo sebe zabezpečit nezbytnými prostředky pro existenci. To je důvod, proč jsme nyní pod silným tlakem přírody: klimatické katastrofy, zemětřesení, vymírání včel a tak dále a tak dále...

Doposud je to poměrně omezená reakce přírody na naši „neposlušnost"; v naději, že lidstvo začne alespoň něco dělat. A pokud ne, pak naše opozice proti přírodě může vést k jaderné válce s odpovídajícími následky... A pak již ti, kteří přežijí, opravdu pochopí, že není jiný způsob než přechod k jednotě lidstva, k integraci všeho, čím se lidstvo zabývá, na všech úrovních.

Musíme – a nejdůležitější je, že můžeme – tomuto scénáři v našem vývoji zabránit. S pomocí integrálního vzdělávání a výchovy můžeme odstranit všechny hranice, které nás rozdělují, a učinit člověka opravdu svobodným. Jsme schopni vytvořit společnost, v níž člověk bude pracovat jen proto, aby udržel podmínky pro svoji základní existenci, a celý zbytek času bude věnovat svému integrálnímu pozvednutí a splynutí s přírodou.

Základní zákon přírody je směřování k rovnováze všech jejích částí, k minimální entropii, to znamená k minimálnímu chaosu. A zde máme co do činění s člověkem – jediným prvkem přírody, který disponuje svobodnou vůlí. Člověk musí dospět k pochopení, že je mu svobodná vůle dána pro dosažení harmonie s přírodou, rovnováhy s ní, a nikoliv pro směřování k chaosu.

Po škále času

> *Věda není a nikdy nebude kompletní kniha. Každý významný úspěch přináší nové otázky. Jakýkoliv rozvoj v průběhu času odhaluje stále nové a hlubší nesnáze.*
>
> A. Einstein

Když zkoumáme prostor kolem nás a zkoumáme sami sebe (tváří v tvář moderní vědě), dojdeme k závěru, že všechny přírodní zákony pocházejí z jediného zákona uzavřeného systému. Žijeme uvnitř systému právních předpisů, a když některé z nich nesledujeme nebo nemůžeme sledovat, nebo i když je sledujeme, stejně nemůžeme pochopit jejich interakce – to už je náš problém. Přinejmenším den ode dne stále více odkrýváme, že vše, co se s námi děje, nastává ve shodě s určitým programem, který je realizován v časovém měřítku.

Z toho vyplývá, že otázka „Je integrální úroveň poslední a nejvyšší etapou vývoje lidstva?" dosud zůstává nezodpovězena.

Máme co do činění s vědou a naše závěry jsou založeny pouze na vědeckých údajích. Výmysly, spekulace nejsou seriózní, ale jsou údělem mystiků... Projednáváme pouze to, co odhalujeme v přírodě; vše ostatní vůbec nebereme v potaz.

To znamená, že program, „roztáčí" lidstvo k pohybu po této podle plánu předpokládané koleji, kde svobodná volba každého z nás spočívá ve vědomém přání „stát se integrálním člověkem". K tomuto cíli je třeba vyvíjet úsilí, ale člověk, stejně jako malé dítě, je rozmarný a nechce to udělat. Pokoušíme si k tomu pomoci tím, že nejdříve vytvoříme prostředí. Když se v něm člověk ocitne, bude pro něho snadné a příjemné splnit úkol, který má před sebou.

Takové prostředí je v našich kurzech. Na přirozenou otázku nováčka: „Pokud se budu snažit, mám garantován dobrý život?" můžeme dát velmi konkrétní a pozitivní odpověď: „Samozřejmě. Dosažením integrálnosti čili plné harmonie s přírodou vejdete do stavu absolutního pohodlí. Neumíme si představit, co to znamená, protože celý náš dosavadní život je útěk od velkých utrpení k menším. Jakoby zaniklo dokonce i pociťování vlastního těla, které cítíme výlučně jen z příčiny různých druhů nepohodlí nebo utrpení…"

Je samozřejmé, že vytvoření takového prostředí vyžaduje celosvětovou nadnárodní organizaci, která by měla k dispozici obrovské zdroje. No, postupně…

Kapitola 13

Krize je nezbytná

*Netruchli a nebuď smutný,
nejsou takové obtížné situace,
ze kterých by život
nenašel cestu ven –
je jen třeba mu na to dát čas.*

P. Kapica

Již dříve jsme zdůraznili, že je důležité rozvíjet v člověku dobrý začátek, hovořili jsme o důležitosti pozitivního příkladu, pozitivní informace v procesu integrovaného vzdělávání. Jak můžeme z tohoto pohledu vysvětlit takový ve všech oblastech našeho života poměrně nezdravý, bolestivý fenomén, jako je krize?

Lze to vysvětlit na příkladu narození člověka.

Skončilo období vnitřního rozvoje a v našem světě – z druhého, zcela protikladného k našemu stavu – vzniká nový člověk. Dramatický proces s riziky pro matku i dítě. Krev, sténání, kolem kmitají lidé v zeleném plášti...

Ale my to nepovažujeme za krizi. Navíc je tam také muž s kyticí, příbuzní a přátelé ve šťastném očekávání. A příroda nicméně ne nadarmo setře všechny nepříjemné vzpomínky žen – jsou opět připraveny k porodu.

Přesně stejným způsobem je nutno zaujmout postoj k tomu, čím dnes prochází lidstvo. Tento proces, který vnímáme jako krizi, musíme projít a pozvednout se na následující stupeň našeho vývoje. To znamená, že pokud překonáme tento „bolestivý" stav a nevzdáme se, právě to znamená pozvednutí na další úroveň, kde začneme žít úplně nový život.

Za jedinou hodnotu na nové úrovni vyhlašujeme naši jednotu. Nakolik jsme se mohli navzájem spojit – porozumět druhým, otevřít se do takové míry, aby mě pochopili oni – jen v tomto tkví realizace všeho dobra, které existuje ve světě, v nás.

Vše, co není zahrnuto v tomto spojení, je nemorální a musí být odmítnuto. Odsouzení vede k poznání, že negativní vlastnosti jsou nezbytným předpokladem našeho spojení. Právě nad nimi a opačně k nim budujeme všechno pozitivní, protože zpočátku v nás nic pozitivního není. To znamená, že díky egoismu, který se v nás rozvíjí, můžeme neustále rozvíjet své jemu protikladné vlastnosti odevzdání a lásky k bližnímu.

Nakonec začínám chápat, že ve mně nejen žije, ale klidně se sžívá obrovské množství lidí, a já mezi nimi dokonce i trochu stírám sám sebe. To je důležité.

Co ztrácíme

*Radost vidět a porozumět
je nejúžasnější dar přírody.*

A. Einstein

Tak co je, koneckonců, to málo, co ztrácíme? Jsou to jednoduše jen naše fyzické charakteristiky, naše živočišné tělo, našich pět smyslových orgánů. Jakoby se rozpouštěly a my se začneme vzájemně vnímat na úrovni jakéhosi balíčku informací na úrovni pocitů. Srdce (nikoliv fyziologické, samozřejmě) a rozum jsou nástroje našich kontaktů, našeho vnímání.

To znamená, že ke mně přichází komunikační příslib, pod jehož vlivem se zbavuji některých svých egoistických vlastností, a zároveň tím provádím krůček ke sjednocení. Dochází k postupnému pokroku do té míry, že jeden v druhém začínáme pociťovat vnitřní podstatu a správně ji vnímat. Bez správného vnímání nenastane ani cítění – jedno určuje druhé.

Tímto způsobem se budeme postupně pozvedávat z úrovně „živočišného v nás" na úroveň „člověka v nás" – integrální vnitřní podstatu všech lidských bytostí.

Někdy, a to zejména s cílem získat větší kontakt, aby bylo možné se navzájem více vcítit jeden do druhého, potřebujeme konfliktní situaci, opozici vůči sobě navzájem. Kontaktem se nemá na mysli vyblednutí obrazu; naopak, je třeba tento obraz projevit tak jasně, jak je to jen možné. Musím vidět v člověku všechno, co je mým protikladem, zároveň s jeho touhou být se mnou solidární. Právě takový, obousměrný vhled poskytuje ostrost pocitů, dokonalost vnímání.

V našem světě nic takového neexistuje. Když v našem světě děláme vzájemné ústupky, hledáme kompromisy k dosažení dohody, to vše se děje na jediné – egoistické – úrovni.

Nám jde o to, že se sebe sama i svého oponenta snažíme pozvednout na další úroveň součinnosti, vztahů mezi námi, v žádném případě přitom nestíráme žádné naše původní negativní vlastnosti. Budou se v nás rozvíjet i nadále, ale velmi rychle. Abychom je mohli správně používat, musíme se nad ně pozvednout.

Právě takovým způsobem nám příroda pomáhá v našem vnitřním rozvoji.

Stále výše, stále výš a výše

*Pokud zavoláte „vpřed",
rozhodně ukazujte směr,
kudy je přesně vpřed.
Je pochopitelné,
že pokud neukazujete směr
a vyhrknete toto slovo zároveň
před mnichem a revolucionářem,
pak půjdou po naprosto
odlišných cestách.*

A. Čechov

Když začínáme zkoumat člověka, nenacházíme v něm ani jednu pozitivní, solidní, pokud se to tak může říci, vlastnost. Není to dokonce ani láska k někomu, soucit s někým. Musíme objasnit, kde se v nás vzaly tyto zdánlivě pozitivní city.

„Miluje! Podílí se! On se obětuje...!" – to vše na základě svých egoistických vlastností, které jsou mu původně dány přírodou. Z tohoto důvodu nemůžeme tyto vlastnosti pokládat za lidské zásluhy. Jestliže jsem takto stvořen, tak o mně říkají: „Jaký je to cnostný člověk!" A pokud je někdo stvořen opačným způsobem, tak ho odsuzují: „Jaký hrozný, jak ohavný je to člověk..." Ale vždyť ani já, ani nikdo jiný na tom nemáme žádnou zásluhu, a proto by si to nikdo neměl přisvojovat nebo si k tomu vytvářet vztah.

Proto neustále zdůrazňujeme, že nejdůležitějším principem, na kterém je možné budovat vztahy mezi námi – ať už bychom si o sobě mysleli cokoliv a cokoliv o nás říkali – je „pozvednutí se nad sebe sama". Přitom se vyjasňuje, že vlastnosti, které jsme považovali za nejvíce pozitivní, jsou nejvíce negativní, protože pocházejí z nejhlubších vrstev egoismu – to z jedné strany. Z druhé strany, když se poprvé v historii našeho vývoje „nad sebe pozvedneme", předem vidíme cíl, ke kterému nás vede příroda a ke kterému nás popohání.

V procesu našeho vývoje „nás čekala světlá budoucnost", zpočátku v otrokářském zřízení, pak ve feudálním, poté v kapitalistickém a pak v socialistickém. Ukázalo se, že ve skutečnosti na nás čekaly války (náboženské, občanské, světové) a revoluce (technologické, kulturní a sociální) a světlá budoucnost se nestala realitou. „Vpřed na barikády!", „Svoboda, rovnost, bratrství", „Existuje taková strana!" – život ukázal, že nikdo nevěděl a ani nepředpokládal, k čemu lidstvo na základě těchto výzev dospěje.

Ale dnes – a s každým dnem je to stále víc a více jasné – se nám naše budoucnost ukazuje jako integrálně spojené globální lidstvo, jako jediný zdravý organismus. Právě v tom dosáhneme podobnosti s přírodou; právě to od nás vyžaduje příroda.

Nová úroveň

*Bez touhy po nekonečném
není života,
není vývoje, není pokroku.*

V. Belinský

V rámci vzdělávacího programu (doslova od prvního dne vyučování) se naši studenti učí také historii lidstva, jeho současný stav a jeho vztah k přírodě. Tento kurz je založen na vědeckých poznatcích, které jsou věnovány tomuto tématu.

Proč je to tak důležité? Faktem je, že si náš posun dopředu vstříc požadavkům přírody nikdo nepřeje. Všichni jsme lenoši (to je naše podstata) a chceme se zabývat pouze tím, co je nám příjemné. Spojovat se do něčeho jediného, celostního? To je ve skutečnosti nepříjemné dokonce i pro těch deset procent „altruistů", které příroda „umístila" do našeho světa, protože se tím míní sjednocení, které je naprosto protikladné k principům pravého altruismu – sjednocení, které nevylučuje náš egoismus, ale naopak s ním spolupracuje.

Bereme-li toto vše v úvahu, v našich objasněních budeme vycházet z nepříjemného – k čemu již došlo a co nám je slíbeno při další opozici proti přírodě.

V neživé přírodě: zemětřesení, tsunami, celkové změny klimatu – a kdo ví, jaká na nás ještě čekají „překvapení". V rostlinných a živočišných světech: rostliny, živočichové, ryby, ptáci – celé jejich druhy katastroficky mizí; blíží se hrozba planetárního hladu. Pokud jde o člověka – to my, lidé, kteří jsme se postavili proti přírodě, sami činíme naši Zemi nevhodnou pro existenci.

Takže je realita pochmurná a máme neradostné vyhlídky. Odhalení tohoto obrazu vede člověka k uvědomění, že je nutné dosáhnout harmonie s přírodou.

Cíl je pro nás naprosto nežádoucí, náš egoismus je kategoricky proti tomu. Ale nemáme kam utéci. Nikam! Když pociťujeme beznaděj naší situace uvnitř našeho absolutního odmítání, začneme hledat motivaci – klady, namísto nedostatků.

Provedeme zkoumání.

Co je vlastně člověk? Snaha uspokojit své touhy.

Co se dnes děje? Při uspokojování svých tužeb okamžitě začínáme cítit novou prázdnotu a musíme se hnát za hledáním nových zdrojů naplnění.

Co znamená integrální naplnění? Naprosto nový druh existence, kdy já – ve spojení s ostatními – získávám možnost trvalého naplnění. Tímto způsobem začneme odhalovat novou úroveň pocitů. Začínáme se seznamovat s jedinou silou, která řídí veškerou přírodu.

Podle Einsteinovy rovnice

> *Myšlenka nesmrtelnosti –*
> *to je sám život,*
> *skutečný život,*
> *jeho konečná rovnice*
> *a hlavní zdroj pravdy*
> *a pravého vědomí pro lidstvo.*
>
> F. Dostojevský

Máme-li dostatek vytrvalosti k pokračování v seznamování se s touto jedinou hybnou řídící silou, pak kromě dalšího většího poznání a pochopení budeme stále méně cítit spojení se svým živočišným tělem. Naše tělo jakoby se od nás vzdalovalo, a když umírá (postupně do tohoto stavu přicházíme), prakticky v tom necítíme žádnou ztrátu.

Je to srovnatelné s tím, jak si na naší živočišné úrovni – prostě z nevyhnutelnosti – stříháme vlasy nebo nehty.

Pokud se nám podaří našim posluchačům vysvětlit, že krizové situace, kterými nás nyní vede příroda, slouží k dosažení tohoto konkrétního stavu, pak budeme mít velmi významnou motivaci k dalšímu posunu vpřed.

Kromě toho, že ospravedlňuje jejich současnou situaci (většina z nich jsou nezaměstnaní) ve světě: není potřeba chodit do práce nebo se honit za jejím sháněním, protože když pochopíš následující vyšší úroveň existence, zajišťuješ tím náš svět vším potřebným.

Jde o to, že změnou každého jednotlivého člověka se přirozeně musí změnit mezilidské vztahy: stanou se zásadně jinými, harmonickými. Celý svět kolem nás se naplňuje, proniká touto harmonií, v důsledku čehož každé zrnko písku produkuje obrovské množství energie. Náhle... Doslova podle Einsteinovy rovnice.

Jsme povinni zachovávat harmonii skupiny, její jednotu. V zásadě platí, že mezi našimi studenty vznikají nejrozmanitější situace: od absolutního odmítání k plnému pochopení. A opět ne a znovu ano a tak dále... To vše je předmětem studia a diskusí a my jsme na tom velmi zainteresováni. Pokud, řekněme, si dva členové skupiny mezi sebou nemohli vyjasnit vztah, zastaví se jejich vlastní posun (protože mezi sebou nemohli urovnat spojení) i posun celé skupiny, protože jim v tom nepomohla.

Jediná věc, která je nezbytná: nepřekážet ostatním. Budeme se na sebe navzájem dívat prostě jako na své dobré přátele nebo na své děti a tak dále. Učiníme to a tehdy pocítíme podstatu: vzájemnou velikost.

Cíl je na dosah

Zázrak, třebaže žiji dlouho,
neviděl jsem dosud.
Avšak je na světě jeden
skutečný zázrak:
svět zmnožený (neb rozdělený?)
na ty světy živé,
ve kterých se sám odráží,
pokaždé poprvé.
Všechno by na světě bylo mrtvé –
jakoby samotný svět
vůbec nikdy nebýval –
kdyby živou bytost
svou neodkrýval.

S. Maršak

Takže, kvůli čemu člověk existuje?

Pokud jen kvůli tomu, aby existoval jako součást svých každodenních povinností, navyklých potěšení, pak ho v tomto případě považujeme za součást živočišné říše.

Ale možná, že nad naším současným chápáním existuje nějaký vyšší cíl? Poněvadž můžeme zkoumat pouze to, co se podle úrovně rozvoje nachází pod námi, s cílem prozkoumat sami sebe se proto musíme pozvednout na vyšší stupeň. Z této úrovně můžeme pochopit: kdo jsme, proč jsme, kam jdeme. To znamená, že se tyto otázky, jež nyní považujeme za dětské nebo neřešitelné, promění ve vědecké problémy, které budou zkoumány.

Začneme přemýšlet o jiném vnímání přírody. Vede nás, jako nás vedla také během všech těchto tisíců let vývoje, k něčemu určitému: k podobnosti s ní. A co znamená podobnost s ní?

Svět se projevuje stále víc a více integrálně a všechny oblasti, všechny obory současné vědy nám to potvrzují. V současné době to již nejsou různorodé znalosti, a dokonce ani souhrn znalostí – je to prostě věda o přírodě, kterou jsme z důvodu omezení v porozumění rozdělili podle výzkumných metod na fyziku, chemii, biologii a tak dále. V podstatě je to jedna příroda v interakci všech procesů, které se v ní vyskytují.

Totéž se děje v lidské společnosti: mizí uzavřený prostor, ve kterém jsme se vyvíjeli během tisíců let. Odhaluje se natolik výrazný a silný zavazující vzájemný vztah, že dokonce i takové tradiční pojmy, jako je národ, stát, vláda, eliminují samy sebe, mění se na něco společného, interaktivního, spolupůsobícího.

Člověk se ukázal tou nejkonzervativnější částí tohoto světa, protože ve svém vědomí nechce vnímat jeho integrálnost. V tom spočívá příčina ohromných problémů, které stále leží před námi a které z tohoto důvodu nebo v důsledku toho nemůžeme řešit.

Takže musíme pochopit a přijmout zákony přírody. Pokud s nimi budeme v souladu, můžeme učinit lidské společenství velmi prospěšné všem.

Doporučujeme

Sjednocující hry
Konstantin Kalčenko – Dmitrij Samsonnikov – Julia Čemerinskaja

Hra je klíčovým prostředkem rozvoje člověka i přírody. Na základě pocitové i racionální osobní zkušenosti nám umožňuje studovat svět a naše vzájemné vztahy. Procesy, které vznikají během hry, nás nutí jednat způsobem, který se nám zdá neobvyklý. Tím v nás podněcuje nové schopnosti. Kromě toho pro nás hravá forma vytváří spolehlivé teritorium pro zkoušení a prověřování nového. Koneckonců je to jen hra a ve hře je povoleno téměř vše. Pomáhá tak utvářet náš následující stav, na který si hrajeme.

Naše vzdělávací metodika klade na sjednocující hry zvláštní důraz, protože člověk může být šťastný pouze tam, kde se vytvářejí správné vztahy mezi lidmi. Sjednocující hry podporují vztahy založené na uvědomění si vzájemné závislosti a na rozvoji spolupráce mezi účastníky, protože jsou navrženy tak, že je v nich možné uspět pouze za podmínky, že každý vnáší svůj vklad do společného díla. Hry slouží jako vynikající nástroj, který umožňuje seznámit účastníky s modelem budoucího sjednoceného stavu, o který všichni usilujeme. Když se do nich účastníci zapojí, bez obtíží reagují, energicky a radostně plní jakýkoliv úkol, mění se atmosféra: od vážné nálady k uvolněné, od rozptýlenosti ke stmelení, od únavy k čilosti, od chladu k srdečnosti a nadšení. Hlavní poselství her spočívá v tom, že pokud se sjednotíme, pokud vzájemně spolupracujeme a vážíme si jeden druhého, vzájemně si nasloucháme, prožíváme radost a dosahujeme úspěchu, což se pak projeví i v dalších oblastech našeho života.

Kontakt

https://ariresearch.org/

Dotazy a všeobecné informace:
info@ariresearch.org, info@ari-bildung.de

Aschlag Research Institute-Bildungseinrichtung e.V.
(kurz ARI-Bildungseinrichtung e.V.)
Wasserwerk Str. 33, DE-13589 Berlín, Německo

www.ingramcontent.com/pod-product-compliance
Lightning Source LLC
Chambersburg PA
CBHW020910080526
44589CB00011B/522